고추장 작은 단지를 보내니
연암 박지원이 가족과 벗에게 보낸 편지

박지원 지음 | 박희병 옮김

2005년 5월 30일 초판 1쇄 발행
2006년 2월 15일 개정판 1쇄 발행
2022년 2월 21일 개정판 12쇄 발행

펴낸이 한철희 | 펴낸곳 주식회사 돌베개 | 등록 1979년 8월 25일 제406-2003-000018호
주소 (10881) 경기도 파주시 회동길 77-20 (문발동)
전화 (031) 955-5020 | 팩스 (031) 955-5050
홈페이지 www.dolbegae.co.kr | 전자우편 book@dolbegae.co.kr

책임편집 이경아 | 편집 김희동·박숙희·윤미향·김희진·서민경·조건형
표지디자인 민진기 | 본문디자인 김상보·이은정·박정영 | 인쇄·제본 영신사

ⓒ 박희병, 2005

ISBN 89-7199-211-5 03810

이 도서의 국립중앙도서관 출판시도서목록(CIP)은 e-CIP 홈페이지
(http://www.nl.go.kr/cip.php)에서 이용하실 수 있습니다.(CIP제어번호: CIP2005001043)

_ 이 책 번역의 원자료인 「연암선생 서간첩」(燕岩先生書簡帖)은 서울대학교 박물관 소장 자료입니다.

참 우리 고전 6

연암 박지원이 가족과 벗에게 보낸 편지

박지원 지음 | 박희병 옮김

책머리에

　이 책은 서울대 박물관에 소장되어 있는 『연암선생 서간첩』(燕岩先生書簡帖)을 번역한 것이다. '연암선생'이란 곧 18세기의 문호 박지원(朴趾源, 1737~1805)을 말한다. 이 서간첩에는 연암의 편지 33통이 실려 있는바, 그 대부분이 가족과 벗에게 보낸 것이다.

　이 서간첩은 『연암집』에는 실려 있지 않은 것으로, 이번에 처음 세상에 공개된다. 이 서간첩의 편지는 연암이 60세 되던 1796년(정조 20) 정월에 시작되어 이듬해 8월에 끝나고 있다. 그러니까 지금으로부터 2백여 년 전의 편지인 셈이다.

　이 서간첩의 편지들은 주로 연암의 개인적인 일들을 담고 있다. 하지만 사적인 일을 담고 있으니만큼 글에 전혀 가식과 꾸밈이 없다. 이 편지들을 통해 우리는 연암의 구체적인 일상을 알 수 있을 뿐만 아니라, 그의 인간적 체취를 접할 수 있다. 말하자면 우리는 이 편지들에서 연암의 꾸미지 않은 맨얼굴을 대면할 수 있다.

　나는 이 서간첩이 갖는 이런 의의에 주목하여, 이를 우리말로 옮기고, 주석을 달고, 편지마다 혹은 간단하고 혹은 자세한 설명을 붙이는 작업을 하였다. 이 편지들은 대부분 행서 내지 초서로 작성되어 있는데, 그것을 해서(楷書)로 옮기는 작업은 성균관대 대동문화연구원의 연구원으로 있는 김채식 씨가 맡아 수고해 주셨다. 한편 주석을 달 때 모르는 것이 더러 있었는데 다행히 김명호 교수의 교시(敎示)로 그 중 일부를 해결할 수 있었다. 이 자리를 빌어 그 후의에 깊이 감사드린다.

이외에도 나의 문생인 강국주, 홍아주 양군(兩君)이 관련 인물의 족보를 뒤지고 문헌을 조사하는 등 역주(譯註) 과정에 많은 도움을 주었다. 두 사람은 모두 연암의 문학에 대해 공부하고 있는데, 이 또한 인연이라면 인연이다.

이 책의 제목은 편지의 한 구절에서 따온 말인데, 나의 오랜 벗인 돌베개 한철희 사장의 작품이다. 나의 머리에서는 도저히 나올 수 없는 이런 제목을 붙여준 데 대해 빙긋이 웃으며 감사드린다. 아울러 이 책의 편집은 물론 색인 작업까지 도맡아 해준 이경아 씨의 노고에 대해서도 감사의 말을 빠트릴 수 없다. 끝으로, 자료를 제공해 주셨을 뿐만 아니라 서간첩 실물의 열람을 허락해 주신 서울대 박물관의 진준현 학예관에게 심심한 감사의 뜻을 전한다.

올해는 연암 서거 2백주년이 되는 해다. 아무쪼록 이 책이 한국학 연구자들 및 연암을 애호하는 분들에게 도움이 되었으면 한다.

2005년 5월
박희병

차례

책머리에 005

편지 번역문 009
편지 원문 109

해제―서간 속의 연암 149
찾아보기 177

1 　중존*에게

　　해가 바뀌어 이미 한 달이 가까운데 여태 한 글자 안부 편지도 받지 못했으니 궁금한 마음 이길 수 있겠나? 초봄에 잘 지내고 있다니 먼 곳에서 위로되고 그리운 마음 여느 때에 비해 갑절이나 되네. 어저께 아이*가 보낸 편지를 보니 사위가 몹시 훌륭하다던데, 매우 기뻐하고 축하할 일일세.

　　나는 나이 예순이 되자 아무 의욕이 없고 나이를 한 살 더 먹으매 이가 도로 빠지거늘,* 형세가 그러니 어찌겠나? 연이어 가슴이 편치 않으며, 또 잠에 들어 늘 가슴이 두근거리는 병 때문에 문득 깨곤 하네. 풍담(風痰: 풍중을 일으키는 담)이 아니면 필시 정충증(怔忡症: 가슴이 벌떡벌떡하는 증세)이니, 이는 수년 이래의 별증(別症)이네.

　　통제사*가 운(韻)을 내어 시를 지어 보내라고 하고, 또 편지로 「숭무

중존(仲存)　연암 박지원의 처남인 이재성(李在誠, 1751~1809)의 자(字). 호는 지계(芝溪).
아이　연암의 큰아들 박종의(朴宗儀, 1766~1815)를 가리킴.
이가 도로 빠지거늘　환갑이 되자 갓난아이처럼 되어 다시 이가 없어진다는 말.
통제사　삼도 수군 통제사를 말함. 충청·전라·경상 3도의 수군을 통솔하던 무관 벼슬로, 당시 이득제(李得濟)가 이 벼슬자리에 있었음.

당기」(崇武堂記)를 재촉하는데, 숭무당이란 곧 한산도 충열사(忠烈祠)의 별각(別閣)이네. 통제사는 입춘에 갈릴 듯한데, 그래서 그 전에 글을 새겨 걸지 못할까 봐 그리 간절하게 재촉하는 것일세. 하지만 내가 지금 이리 삭막해서 글을 구상할 수가 없으니 행여 빠른 인편에 글을 지어 보내면 어떨지? 모름지기 선작(先作)이 있은 뒤에야 뜻을 이끌어 낼 수 있겠기에 하는 말일세. 이만 줄이네.

병진년(1796) 정월 27일, 아우* 지원(趾源)

이 편지는 그 겉봉에 "안동(安洞) 정좌하(靜座下)"라고 적혀 있다. '안동'은 곧 소안동(小安洞)을 말하는바, 지금의 안국동 네거리 일대다. 이재성의 집이 여기 있었다. '정좌하'(靜座下)는 고요한 자리 아래라는 뜻으로 편지 수신인을 높이는 말이다.

　이 편지는 연암이 안의 현감으로 있을 때 자신의 처남인 이재성에게 보낸 것이다. 이재성은 연암보다 열네 살 아래지만 둘은 벗처럼 지냈다. 이재성은 비평적 안목이 아주 빼어났으며, 연암의 동시대인 중 연암의 문학세계를 가장 잘 이

아우　자기를 낮추는 말. 실제로는 연암이 이중존보다 열네 살 많음.

해했던 사람이다. 연암이 경상남도 안의(安義)에 현감으로 부임한 것은 그의 나이 56세 때인 1792년인데, 이 편지는 부임한 지 4년 후의 것이다. 이 해 3월 연암은 임기가 만료되어 서울 집으로 돌아온다.

이 편지로, 환갑을 맞이해 연암이 상당한 노쇠감을 느끼고 있다는 것과 그의 건강이 그리 좋지 않다는 사실을 알 수 있다. 이 편지와 비슷한 시기에 씌어진 것으로 보이는 「유배지의 이 감사에게 답한 편지」(『연암집』 권3에 실려 있으며 영해에 귀양 가 있던 이서구에게 보낸 편지다)를 보면 연암이 이 무렵 좌우 어금니가 빠져 고생했음을 알 수 있다.

연암은 이재성에게 건강이 안 좋은 자신을 대신해 글을 짓기를 촉구하고 있다. 아마 이재성이 글을 지으면 이를 토대로 자신이 손을 좀 보아 통제사에게 보내 주려고 했던 것 같다. 연암은 대문호라 어느 때든 붓만 들면 글이 줄줄 나오는 줄 알았는데, 이 편지를 보면 그렇지 않다는 것을 알 수 있다. 그리고 보면 이른바 명문으로 알려진 연암의 글들은 모두 고심에 고심을 거듭하여 짓고 그런 후에 고치고 다듬고 한 결과물이라는 생각이 든다.

2 　 큰아이에게

관아의 하인이 이달 초닷새 낮때에 돌아왔다. 편지를 보고 다들 별일 없다는 걸 알게 되어 몹시 기쁘고 위로가 된다.

거창의 형제들*이 술과 떡을 가지고 와, 자고 돌아갔다. 그래서 음식을 차려 대접하지 않을 수 없었다. 작년 이날에 너희가 왔었기 때문에 기억하고 있었던 모양인데, 너희가 안 온 것을 알고는 나의 고적함을 위로해 주러 온 것이다.

멀리서 너희들을 생각하면 서글플 뿐이다. 새아기*가 보낸 도포와 버선은 즉시 광풍루(光風樓: 안의에 있는 누각)에서 몸에 걸쳐 여러 사람에게 자랑해 보였다. 몹시 아껴 가까이 두고 있다. 조만간 답장을 보내마.

수동(壽洞)* 서처(徐妻)*의 병환이 몹시 우려된다. 대저 영남에 지난 겨

거창의 형제들 　거창에 살던 반남 박씨 족친(族親)을 가리키는 듯한데, 누군지는 미상.
새아기 　차남 종채(宗采, 1780~1835)의 처를 말함. 종채는 바로 전 해 가을에 전주 유씨(柳氏)와 혼인했음.
수동(壽洞) 　지금의 서울시 종로구 수송동 일대.
서처(徐妻) 　연암의 둘째누님인, 서중수(徐重修)의 처를 말함.

울부터 이 병이 많이 나돌았는데, 서너 달간 생사가 오락가락하고 혹 한 달에 두세 번 위독하게도 되더라. 그런데도 의원은 병증(病症)을 알아내지 못하더구나. 통인* 응손(應孫)의 무리가 작년 섣달부터 지금까지 지팡이를 짚고 다니고 있는데, 대저 약을 쓰지 않는 게 상약(上藥)인 것 같다. 이 뜻을 전하는 게 어떻겠니? 이번 달이 네 처가 해산하는 달이라 밤낮 마음을 졸이며 기다리고 있다. 다만 달이 임박했는데 간호할 사람이 없으니 이 점이 걱정스런 일이다. 안동(安洞) 진사댁*이 좀 와서 있으면 어떻겠느냐?

    작년에 경저리(京邸吏)*가 귀경할 때 유합(兪閤)*에게 편지를 보내 문병을 하고 또 약재 및 기타 물건을 보냈건만 아직도 답이 없고, 네 편지에서도 아무 말이 없으니 참 괴상한 일이다. 윤함양(尹咸陽)* 집에도 편지를 보냈건만 아까 그의 편지를 보니 내 편지를 못 본 것 같으니 퍽 통탄할 일이다. 얼른 경저리 집에서 내가 보낸 편지를 찾아내 곧바로 전달하는 게 어떻겠니?

병진년(1796) 2월 보름, 중부(仲父)

통인   지방 관아에서 잔심부름하던 이속(吏屬).
안동(安洞) 진사댁   이재성의 부인 전주 유씨를 말함.
경저리(京邸吏)   서울에 파견되어 지방 관아의 일을 대행하던 아전. 저리(邸吏)라고도 함.
유합(兪閤)   연암의 벗인 유언호(俞彦鎬, 1730~1796)를 가리킨다. '합'(閤)은 '합하'(閤下)라고 할 때의 '합'(閤)이니, 정2품 이상의 벼슬아치를 뜻하는 존칭이다. 연암은 당시 병중에 있던 유언호에게 인삼을 보냈었다.
윤함양(尹咸陽)   함양군수 윤광석(尹光錫)을 말함.

연암에게는 두 아들이 있었는데 큰아들이 종의(宗儀, 1766~1815), 작은아들이 종채(宗采, 1780~1835)다. 종의는 1778년 연암의 형인 박희원(朴喜源, 1730~1787)의 양자로 입적되었다. 그래서 이 편지 끝에 중부(仲父: 작은아버지)라는 말을 쓰고 있다.

　연암은 며느리가 보낸 옷을 즉시 몸에 걸쳐 여러 사람에게 자랑해 보이고 있고, 그 해산구완까지 걱정하고 있으며, 누님의 병환을 자세히 걱정하고 있다. 이처럼 이 편지는 자식들과 형제에 대한 연암의 애틋한 마음을 잘 보여준다.

3 │ 큰아이에게

　　석치(石痴)*의 두 서첩(書帖)과 화축(畵軸) 잘 받았다. 근래 보내온 나빙(羅聘)*의 대나무 족자 그림은 기필(奇筆)이더라. 하루 종일 강물소리 요란하여 몸이 흔들흔들 마치 배에 앉아 있는 느낌이니, 대개 고요함과 적막함이 지극하므로 강물소리가 그렇게 느껴지는 거겠지. 문을 걸어닫고 숨을 죽이고 있거늘, 보내온 이 권축(卷軸)을 펼쳐 이따금 완상하지 않는다면 내 무엇으로 심회를 풀겠니? 하루에 열 몇 번씩 이 권축을 열어 보거늘, 글 짓는 도리에 큰 도움이 되는구나.

　　화양동(華陽洞)* 선조 묘의 축문(祝文) 문제로 큰 의혹과 비방을 받았으니 우스운 일이다. 호장(戶長)이 아직 한 차례 제사도 안 지낸 판인데 대체

석치(石痴)　　정철조(鄭喆祚, 1730~1781)의 호. 천문학에 조예가 깊었으며, 회화에도 능했다. 소북(小北) 계열의 인물이며, 정언(正言) 벼슬을 지낸 바 있다. 박지원의 가장 가까운 벗 중의 한 사람이다.
나빙(羅聘)　　1733~1799. 청나라 때의 화가로, 이른바 양주팔괴(揚州八怪)의 한 사람. 묵매(墨梅), 난죽(蘭竹)을 잘 그렸으며, 특히 귀신 그림에 능했다. 박제가, 유득공 등과 접촉이 있었다.
화양동(華陽洞)　　합천군 화양동을 말함. 이곳에 연암의 선조인 야천(冶川) 박소(朴紹, 1493~1534)의 묘가 있었음.

어디에다 축문을 쓴단 말이냐. 두 편지*를 베껴 보내니 네 외삼촌(이재성을 가리킴)과 함께 본 후 평을 하여 돌려준다면 묘한 일이겠다.

무관(懋官)*의 행장 짓는 일은, 아직 붓을 들지 못했는데, 그 「잡록」을 보니 모두 무관의 조박(糟粕)과 소절(疎節: 하찮은 일)에 불과해 대수롭지 않은 것들이고 귀하게 여길 것이 못 되더구나. 대체로 그가 서얼이라는 사실을 감추지 않은 연후에야 글이 요령을 얻을 수 있을 테지. 이 편지를 초정(楚亭)*을 비롯한 여러 사람에게 보여주는 게 어떻겠니?

죄인 심문하는 일을 하지 않으면 창고를 돌며 환곡(還穀) 챙기는 일을 해야 하니, 비록 한가한 고을이라고는 하나 장부와 문서를 정한 기한 내에 작성하느라 주묵(朱墨)*에 겨를이 없구나. 다른 고을도 엇비슷하여 참으로 아무 차이가 없다. 붓을 들고 종이를 펼쳐 바야흐로 그럴듯한 생가이 떠오를지라도 미처 한 글자도 쓰기 전에 창밖에서 형방(刑房)이 무릎을 꿇고 '하사오며' '뿐이옵고' '갓갓' * 등의 소리를 내며 문서를 읽어 대고, 완악한 아이종은 짙은 먹에 붓을 적신 채 종이 귀퉁이를 비스듬히 잡고 서 있어, 얼른 수십 장 문서에다 서명을 한단다. 그러고 나서 물러나와

두 편지   연암의 족형(族兄) 되는 박윤원(朴胤源)과 주고받은 편지가 아닐까 한다. 박윤원이 바로 이 제사와 관련한 잘못된 전언(傳言)을 듣고 연암에게 항의하는 편지를 보냈으므로 연암이 이를 해명하는 편지를 쓴 바 있음. 박윤원이 보낸 편지와 연암의 답서는 『연암집』 권2에 함께 실려 있음.
무관(懋官)   이덕무(1741~1793)의 자.
초정(楚亭)   박제가(1750~1805)의 호.
주묵(朱墨)   옛날 관아의 장부나 문서에 붉은색과 먹색 두 색을 썼기에 한 말.
갓갓   '낱낱이'라는 뜻의 이두. 예를 들어 '갓갓다짐'은 낱낱이 자백한다는 뜻이고, '갓갓발괄'은 낱낱이 고소한다는 뜻임. 소송 문건 같은 데 많이 쓰이는 이두임.

방금 전 흉중에 있던 아직 문자화하지 않은 한 편의 좋은 글을 생각해 보면 애석하게도 그 사이에 그만 저 만 길 높이의 지리산 밖에 걸려 있지 않겠니? 하지만 어쩌겠느냐, 어쩌겠어.

　재선(在先)*의 집에 있는, 우리나라에 들여온 요즘 중국인의 시필(詩筆) 서너 첩(帖)을 만일 빌려 볼 수만 있다면 의당 이 며칠 사이의 불안정한 마음을 누그러뜨릴 수 있겠건만, 그 사람이 무상무도(無狀無道)하니 지보(至寶)라고 하여 잠시라도 손에서 내놓겠느냐? 그렇지만 모름지기 한번 빌려 보렴.

　아전 수십 명이 종일 앞에서 종종걸음으로 왔다 갔다 하지만 내 안중은 적적하여 단 한 사람도 없고, 설렁줄*에 "예으이!" 하고 대답하는 소리가 시끄럽지만 내 귀에는 오로지 새소리며 물소리, 대나무 소리뿐이니 이것이 나의 큰 병인데 늙어 갈수록 더욱 심해지니 어떻게 고칠 수 있겠니?

　함양의 중 경암(敬菴)* 대사가 의술이 정미하다고 해 불러 보려고 하는데 중존(仲存)이 전부터 그와 친했으니 혹 주고받은 시문이 있는지, 또 그 스승이 누군지 알는지 모르겠다.

재선(在先)　박제가의 자.
설렁줄　설렁(=소리를 내는 방울)을 흔들기 위하여 잡아당기는 줄. 관아에 설치하여 수령이 아랫사람을 부를 때 사용했음.
경암(敬菴)　'敬' 자가 '擎'으로 기재되어 있는 자료도 있음.

이 편지에는 많은 사실이 언급되어 있다.

화양동 선조 묘의 축문 문제란, 안의현 인근인 합천군 화양동에 연암의 선조 박소(朴紹, 1493~1534)의 묘가 있었는데 그 관리에 어려움이 있어 연암은 이 묘를 안의현 이청(吏廳)에 소속시켜 관리하게 하였다. 이 일로 인해 안의의 호장(戶長)이 축문을 쓴다는 오해가 문중에 돌아 연암이 그것을 해명한 일이 있다.

안의에 내려와 있으면서도 연암은 수시로 서울에서 보내온 서첩이나 그림 등을 완상하며 흉중의 답답함을 풀고 있음을 알 수 있다. 특히 "하루에 열 몇 번씩 이 권축을 열어 보거늘, 글 짓는 도리에 큰 도움이 되는구나"라는 말에서는 연암의 글쓰기와 그림 사이의 관련성을 짐작하게 된다. 편지에서 언급된 석치(石痴)의 그림은 연암의 손자인 박규수(朴珪壽, 1807~1876) 대에까지 전해진 듯하니, 박규수의 소장도서 목록인 『금협장거록』(錦篋藏弆錄) '예해주낭'(藝海珠囊) 상함(上函)에 석치의 화첩(畫帖)이 기록되어 있다고 한다. 김명호 교수의 교시로 이 사실을 알게 되었다.

이 편지를 쓰기 3년 전인 1793년에 이덕무가 세상을 하직했는데, 정조는 이덕무의 죽음을 애석히 여겨 이덕무와 가까운 연암으로 하여금 그 행장을 지을 것을 명령하였다. 한편 당시 이덕무의 아들 광규(光葵)는 부친의 생애를 서술한 「유사」(遺事)라는 글을 지어 연암에게 보냈던 듯하다. 이 편지 중에 말한 「잡록」이란 바로 이 「유사」를 가리킬 터이다. 이 글은 현재 이덕무의 문집인 『아정유고』(雅亭遺稿)에 부록으로 수록되어 전하는데, 이덕무를 미화하기 위해 온갖 시시껄렁한 일들까지 언급해 놓고 있다. 예를 하나 들어본다.

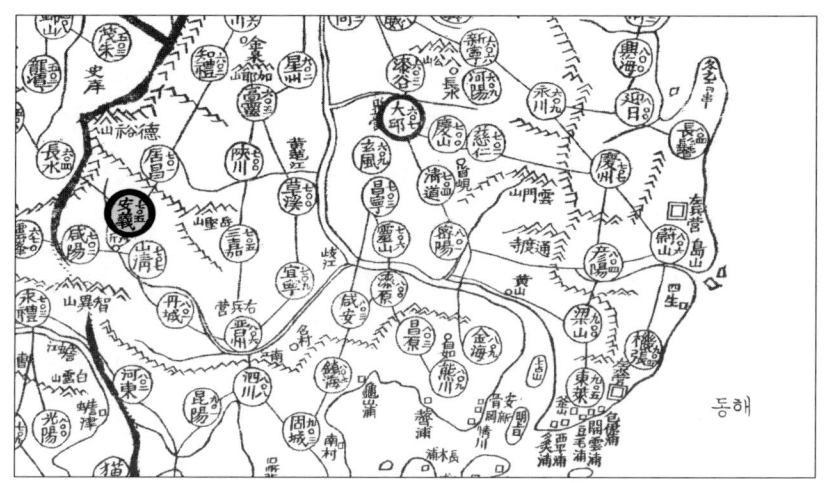

연암의 부임지 안의 지금의 함양군 안의면이다. 「해좌전도」(海左全圖 : 1850년대, 목판본)의 일부

소시부터 문을 닫고 들어앉아 글을 읽을 적에는 사람들이 그 얼굴을 잊을 정도였으나, 해마다 화창한 봄날이 되면 문득 마음에 맞는 친구들과 함께 높은 산에 올라 먼 데를 관망하고 시주(詩酒)를 즐기면서 이곳저곳 거의 날마다 탐방(探訪)을 계속하여 말하기를, "일 년 중 가장 좋은 풍경이 모춘(暮春) 10여 일에 불과하므로 이때는 헛되이 보낼 수 없다" 하였으니, 그 활발하고 호매한 기상을 여기에서 볼 수 있다.

그래서 연암은 이 글이 "무관의 조박(糟粕)"과 "소절"(疎節)을 말해 놓은 것에 불과하며, 전연 "귀하게 여길 것이 못 되"는 것이라고 단정 짓고 있다. '조박'이 란, 술을 거르고 난 다음에 남는 지게미를 이르는 말로서, 별 의미 없고 하잘것없는 것을 가리킬 때 쓰는 말이다. '소절' 역시 시시껄렁하거나 하찮은 행위를 이르는 말이다. 요컨대 연암은 이광규의 글이 그 부친과 관련된 이런저런 잡다한 사실을 많이 나열해 놓기는 했으나 정작 이덕무라는 인간의 본질, 그 정수(精髓)를 묘파하고 있지는 못하다고 본 셈이다.

'조박'이니 '소절'이니 하는 말이 나왔으니 하는 말이지만, 혹시 오늘날 연암에 대해 말하는 우리들은 연암의 '조박', 연암의 '소절'을 갖고 침소봉대하면서 그것이 마치 연암의 정수라도 되거나 하는 것처럼 왁자지껄 떠들며 환호작약하는 우(愚)를 범하고 있지는 않은가?

지금 전하는 『연암집』에 수록된 「이덕무 행장」(원제는 炯菴行狀)을 보면, 이덕무가 펼쳐 보인 문학세계의 창조적 경지와 고증적·박학적 학문세계의 넓이를 한껏 칭찬한 다음 그 끝에다가 그가 "경세(經世)에 뜻이 있었으며" "우국우민(憂國憂民)의 뜻을 잠시도 잊은 적이 없다"는 사실을 특별히 강조하고 있다. 뿐만 아니라 연암은 이덕무가 지체가 한미하고 비천했지만 유독 정조가 그 재능과 기이함을 알아보고 은우(恩遇)를 베풀었음을 특기하고 있다. 그러므로 이 편지 중, 장차 이덕무의 행장을 쓸 때 "그가 서얼이라는 사실을 감추지 않은 연후에야 글이 요령을 얻을 수 있을 테지"라고 한 것은, 이덕무가 그 신분에도 불구하고 정조로부터 각별한 지우(知遇)를 입었음을 부각시키는 방향으로 글을 써야겠다는 자신의 구상을 피력한 것으로 보인다.

연암은 공무 생활 중에도 창작을 중단하지 않았는데, 이 편지를 보면 수령의 소임을 다하면서 글을 쓴다는 것이 그리 쉬운 일이 아니었음을 알 수 있다. 연암은 이 점을 그 특유의 기발하고 유머러스한 표현으로 말해 놓고 있다.

연암은 평소 박제가의 재주를 인정했으며 좋은 사제 관계를 유지한 것으로 알려져 있다. 하지만 이 편지에서는 박제가를 "무상무도"한 사람이라고 말하고 있다. '무상'(無狀)은, 버릇이 없거나 무례하거나 경우가 없는 것을 일컫는 말로, 퍽 안 좋은 어감을 띤다. '무도'(無道)는, 도리에 어긋나서 막되다는 뜻이다. '무상'이라는 말 이상으로 안 좋은 어감을 갖는다. 더구나 이 두 말을 합쳐 놓으면 엄청난 부정적 함의를 가지는바, 어떤 사람의 인성(人性)이 조금 나쁜 것을 갖고 이런 말을 쓰지는 않는다. 다시 말해 아주 고약하지 않으면 이런 말을 잘 쓰지 않는 게 상식이다. 보통 연암과 박제가는 사제 관계로서, 같은 문학관을 갖고, 북학(北學)에 대한 인식을 공유했으며, 인간적으로도 서로 깊은 교감을 나눈 사이로 알려져 있다. 이 점에서 이 편지의 박제가에 대한 평은 충격적이다. 나는 처음에 내 눈을 의심하여 편지의 원문을 다시 보고 또 봤다. 그러나 틀림없었다. 그러면 이 표현을 어떻게 해석해야 할 것인가? 연암이 박제가의 재능을 인정하고 높이 평가한 것은 틀림없는 사실로, 그것까지 의심할 이유는 없다고 본다. 문제는 박제가의 '인격'이 아닌가 한다. 아마도 연암은 박제가의 문예적 재능은 십분 인정하면서도 그 인간성, 그 인격에 대해서는 그다지 좋게 보지 않았던 것 같다. 박제가는 혹 선생에게도 자기가 잘났다고 뻐기거나 종종 예의를 갖추지 않고 무람없는 태도를 취한 건 아닐까? 이런 게 쌓여 박제가를 이렇게 평한 건 아닐까? 아무튼 연암은 같은 문생이지만 이덕무와 박제가에 대해 내심 다른 평가를 하고 있었던 것만큼은 틀림없다. 연암은 이덕무에 대해서는 깊은 인간적 신뢰감을 품고 있었던 것 같다. 그러니 이덕무가 죽었을 때 "무관(=이덕무)이 죽다니! 꼭 나를 잃은 것 같아"(박종채 지음, 박희병 옮김, 『나의 아버지 박지원』, 238면)라고 말할 수 있었던 것이다.

    모든 말해진 것, 모든 씌어진 것은 어떤 점에서 하나의 '이미지'이고, 엄격한 의미에서 많은 부분이 허위일지 모른다는 생각을 나는 요즈음 많이 하고 있다. 우리가 신문의 글, 방송의 글, 광고의 속삭이는 말, 정치가의 말, 남의 전언을 그대로 믿을 수 없듯이, 문학도 거짓말과 위장과 외교적 언사와 겉치레와 분식(粉飾)으로 가득 차 있다. 그러므로 어떤 사람의 전기(傳記)와 어떤 사람이 남긴 문집(文集)을 아무리 열심히 읽고 그 글들을 재구성한들 진실을 포착하기는 어렵다. 다만 어리석게도 진실이라고 스스로 믿으며 스스로 속아 넘어갈 뿐이다. 그렇다면 어찌 해야 하는가. 방법은 없다. 거짓말과 위장과 외교적 언사와 겉치레와 분식 속에서 길을 찾아 나가는 수밖에. 우리가 속해 있는 이 현세의 삶 자체가 꼭 그런 형국 아닌가. 이 편지의 "무상무도"라는 말에 오랫동안 눈길을 주며 갖게 되는 사념이다.

4 | 아이들에게

『아동기년』(我東紀年)* 두 권을 지었으나 실로 소략함이 많아 탄식할 만하다. 그러나 참고하기엔 좋으니 모름지기 뇌아(賴兒)*에게 주어서 수시로 자세히 보게 했으면 한다. 어리고 총명할 때 보아야 할 책이다.

『박씨가훈』(朴氏家訓)* 한 권은 올라갔느냐? 선조의 이름을 휘(諱)하는 의미로 이름 위에다 푸른색 종이를 붙이는 게 어떻겠니? 이 책은 일절 남에게 빌려주지 않았으면 한다. 잃어버리기 쉽기 때문이다.

『소학감주』(小學紺珠)*는 간신히 베껴 썼거늘 공연히 분실했다니 어찌 몹시 애석하지 않겠니? 넌 책에 대해 이렇게도 성의가 없으니 늘 개탄하

「**아동기년**」(**我東紀年**) 연암이 지은 두 권짜리 책인 듯한데, 현재 전하지 않는다. 책 이름으로 보아 우리나라 역사를 기년체(紀年體)로 간략히 서술한 게 아닐까 한다. 이와 이름이 비슷한 책으로 이만운(李萬運)·이덕무 공저의 「기년아람」(紀年兒覽)이 있다.
뇌아(**賴兒**) '뇌'(賴)는 연암의 차남인 박종채의 아명.
「**박씨가훈**」(**朴氏家訓**) 반남 박씨 집안에 전하는 교훈적인 이야기를 모아 놓은 책인 듯하며, 연암이 편찬한 것으로 보인다. 「나의 아버지 박지원」, 210~218면의 서술은 이 책의 내용을 반영하고 있는 게 아닌가 추정된다.
「**소학감주**」(**小學紺珠**) 송나라 사람 왕응린(王應麟)이 편찬했으며, 천문·인사(人事)·제도 등 17개 항목에 걸쳐 숫자에 따라 그 뜻을 간단히 풀이한 책.

게 된다.

나는 고을 일을 하는 틈틈이 한가로울 때면 수시로 글을 짓거나 혹 법첩(法帖)을 놓고 글씨를 쓰기도 하거늘 너희들은 해가 다 가도록 무슨 일을 하느냐? 나는 4년간 『강목』(綱目)*을 골똘히 봤다. 두어 번 두루 읽었지만 연로하여 책을 덮으면 문득 잊어버리는지라 부득불 작은 초록(抄錄)* 한 책을 만들지 않을 수 없었는데 그리 긴한 것은 아니다. 그렇기는 하나 재주를 펴 보고 싶어 그만둘 수가 없었다. 너희들이 하는 일 없이 날을 보내고 어영부영 해를 보내는 걸 생각하면 어찌 몹시 애석하지 않겠니? 한창때 이러면 노년에는 장차 어쩌려고 그러느냐? 웃을 일이다, 웃을 일이야.

고추장 작은 단지 하나를 보내니 사랑방에 두고 밥 먹을 때마다 먹으면 좋을 게다. 내가 손수 담근 건데 아직 푹 익지는 않았다.

    보내는 물건
    포(脯) 세 첩*
    곶감 두 첩
    장볶이 한 상자
    고추장 한 단지

『강목』(綱目)   주희(朱熹)의 『자치통감강목』을 말한다. 주희는 이 역사서에서 춘추대의와 명분을 강조하였다.
초록(抄錄)   필요한 대목만을 가려 뽑아 적은 것.
첩   봉지에 싼 물건을 세는 단위.

자식들 공부에 대한 걱정이 글 가득히 담겨 있다. 편지 마지막의 손수 담근 고추장 이야기는 읽는 사람의 가슴을 뭉클하게 한다. 연암은 9년 전인 1787년 부인 이씨를 저세상으로 떠나보냈다. 51세 때다. 연암은 그 후 죽을 때까지 재혼하지 않고 혼자 살았다. 이 때문에 서울 집의 자식들을 더욱 각별히 챙기게 된 건지도 모른다.

 연암은 공무의 사이사이 겨를이 생기면 혹 글을 짓기도 하고 혹 법첩(法帖)을 갖다 놓고 글씨 연습을 하기도 했음을 알 수 있다.

 한편, 연암이 안의 현감을 할 때 주자(朱子)가 편찬한 역사서 『자치통감강목』을 초록까지 해가며 열심히 봤다는 대목은 주목을 요한다. 이 책은 특히 춘추대의와 명분을 강조한 책이기 때문이다. 하지만 이 책을 읽었다고 해서 연암의 사상이 춘추대의를 강조하는 쪽으로 바뀐 것 같지는 않다. 연암은 이 책을 주로 경세적(經世的) 측면에서 읽었던 게 아닌가 생각된다.

5 큰아이에게

　초사흗날 관아의 하인이 돌아올 때 기쁜 소식을 갖고 왔더구나. "응애 응애" 우는 소리가 편지 종이에 가득한 듯하거늘 이 세상 즐거운 일이 이보다 더한 게 어디 있겠느냐? 육순 노인이 이제부터 손자를 데리고 놀 뿐 달리 무엇을 구하겠니? 또한 초이튿날 보낸 편지를 보니 산부(産婦)의 산후 여러 중세가 아직도 몹시 심하다고 하거늘 퍽 걱정이 된다. 산후 복통에는 모름지기 생강나무*를 달여 먹여야 하니, 두 번 복용하면 즉시 낫는다. 이는 네가 태어날 때 쓴 방법으로 노의(老醫) 채응우(蔡應祐)의 처방인데 신효(神效)가 있으므로 말해 준다.
　나는 지난번 편지대로 순행(巡行)하여 초엿새에 수송대(愁送臺)*를 유

생강나무　　새앙나무라고도 함. 산수유 비슷한 노란 꽃이 피며, 가지를 약으로 씀.
수송대(愁送臺)　　수승대(搜勝臺)를 말함. 안의현 원학동(猿鶴洞)의 위천 천변에 있는 큰 바위로 경치가 썩 빼어남. 지금은 행정구역상 거창군에 속함.
죽리관(竹里館)　　이 건물은, 연암이 안의에 부임한 초기에 세운 백척오동각(百尺梧桐閣), 하풍죽로당(荷風竹露堂), 공작관(孔雀館) 등과 달리 뒤에 와서 건립한 것으로 보임.

람했으며, 저녁에 관아로 들어와 이튿날 아침에 죽리관(竹里館)*에서 노닐었다. 모인 사람은 거창 현감과 단성 현감과 대구 판관*인데 놀이가 자못 난만하여 대단히 즐거워하다 돌아갔다. 신관(新館)은 그윽하고 조용하여 화죽당(花竹堂)* 등의 건물보다 훨씬 낫거늘, 너희들이 그 속에서 글을 읽지 못하는 게 한스럽다.

오늘은 손자가 태어난 지 삼칠일이 되는 날이다. 관속(官屬) 2백여 명이 아침에 국과 밥을 보내와 몹시들 기뻐하며 축하해 주었다. 그제야 비로소 경술년(1790) 원자(元子)*가 탄생하시자 산해진미를 갖춰 몹시 기뻐하시며 억조창생을 고무한 임금님*의 마음을 우러러 헤아릴 것 같구나. 이만 줄인다.

병진년(1796) 3월 10일, 중부

종의의 아들 효수(孝壽)가 태어난 걸 기뻐하는 편지다. '응애 응애' 우는 소리가 편지에 가득하다는 표현하며, 이제부터 손자를 데리고 놀 일만 남았다는 표현,

대구 판관　　이단형(李端亨)을 말함.
화죽당(花竹堂)　　연암이 안의에 부임하여 관아의 빈 터에 벽돌로 지은 하풍죽로당을 가리키지 않나 추정됨.
원자(元子)　　훗날의 순조(純祖)를 말함.
임금님　　정조(正祖)를 말함.

며느리 산후조리에 대한 각별한 걱정 등이 눈길을 끈다. 연암은 늦게 본 이 맏손자에 대해 각별한 기대를 품고 있었다. 하지만 효수는 훗날 요절하고 만다.

6 　중존에게

　인편으로 편지 잘 받았네. 잘 지내고 있다니 몹시 위로가 되네. 작년 7월 14일부터 갠 날이 시작돼 그해 섣달 28일까지 크게 가물더니 홀연 29일 처음 비가 내렸고 그후 지금까지 계속 비가 내리니 이전에 보지 못하던 현상이네. 봄이 오고 나서도 몹시 추워 영남의 꽃과 대나무가 죄다 동해(凍害)를 입어 지금 비록 늦봄이긴 하나 풀과 나무가 꽃 하나 피우지 않고 있으니 몹시 괴이한 일일세. 가을보리는 이미 말할 게 없게 되었고, 봄갈이마저도 비가 자주 오는 바람에 한식 전에 파종하긴 글렀으며, 일찍 파종한 것은 문드러져 싹이 안 나오니 나 또한 어쩌겠나.
　종이 일은, 스스로 목격한 바이면서 홀연 무정한 말을 하는 건 어째선가? 지금 곧 좋은 종이를 구해 도련*한 다음 뒤의 인편에 보내도록 하겠네.
　여주에 다녀올 일은 이미 약속이 정해졌는가? 봄물이 불어나 푸르니

도련　종이의 가장자리를 가지런하게 베는 일.

또한 좋은 구경이 될 터인바 부럽네, 부러워. 이만 줄이네.

병진년(1796) 모춘 초열흘, 아우 지(趾)

추신: 숭무당 사적(事蹟)은 전에 이미 보냈는데 봤는가? 별일이 없다면 다만 '숭무'(崇武)라는 뜻으로 글을 구성하는 것이 좋을 듯싶네.

　　　　보내는 물건
　　　곶감 한 첩
　　　포(脯) 한 첩
　　　돈 두 냥

대추는, 작년에 크게 흉작이라 어쩔 도리가 없네.

이 편지는 그 겉봉에 "소안동(小安洞) 정안하(靜案下)"라고 적혀 있다. '정안하'(靜案下)는 조용한 서안 아래라는 뜻으로 편지 수신인을 높이는 말이다. 대개 벼슬을 하고 있지 않은 사람에게 이 말을 쓴다.
　　이 편지는 먼저 여섯 달 가물고 석 달 내리 비가 오는 기상 이변에 대해 말하고 있다.

　이중존이 종이를 좀 보내 주지 않는다고 섭섭해 하는 글을 보냈던 모양이다. 이에 대해 연암은 안의현의 종이 사정이 안 좋은 줄 직접 봐서 잘 알면서(이중존은 안의에 다녀간 적이 있다) 그런 말을 하느냐고 적고 있으며, 글 끝에 다시 「숭무당기」를 재촉하는 말을 덧붙이고 있다.

7 | 큰아이에게

　너의 첫 편지에서는 "태어난 아이가 미목(眉目)이 수려하다"고 했고, 두번째 편지에서는 "차츰 충실해지는데 그 사람됨이 그리 평범치 않다"라고 했으며, 간(侃)*이의 편지에서는 "골상이 비범하다"고 했다. 대저 이마가 넓다든지 툭 튀어나왔다든지 모가 졌다든지, 정수리가 평평하다든지 둥글다든지 하는 식으로 왜 일일이 적어 보내지 않는 거냐? 궁금하다.
　올해 승상(陸庠)*은 시행하지 않는다던? 꼭 보지 않아도 좋다. 광주(廣州) 전장(田庄)* 일은 어떻게 했니? 이번 순력(巡歷)* 때 든 접대 비용이 몹시 많아, 비록 가만히 앉아서 임기가 끝나길 기다리더라도 아무 것도 남는 게 없겠거늘, 빚만 안 져도 다행이다. 모름지기 나의 이 뜻을 잘 헤아

간(侃)　연암의 둘째아들 종채의 초명(初名).
승상(陸庠)　지방의 학교인 상서(庠序)나 서울의 4부 학당(學堂)의 학생을 시험으로 선발해 성균관으로 올리는 일을 말함.
광주(廣州) 전장(田庄)　연암 가(家)의 전장이 경기도 광주와 황해도 배천에 있었다. 한편 광주에는 연암의 조부인 박필균(朴弼均, 1685~1760)의 묘와 재종조(再從祖)인 박필주(朴弼周, 1665~1748)의 양자 사근(師近, 1715~1767) 및 그의 아들 진원(進源, 1735~1754)의 묘가 있었음.
순력(巡歷)　관찰사가 도내(道內) 각 고을을 순회하는 일.

려 주면 좋겠다.

    전후에 보낸 쇠고기 장볶이는 잘 받아서 조석간에 반찬으로 하니? 왜 한 번도 좋은지 어떤지 말이 없니? 무람없다, 무람없어. 난 그게 포첩(脯貼)이나 장조림 따위의 반찬보다 나은 것 같더라. 고추장은 내 손으로 담근 것이다. 맛이 좋은지 어떤지 자세히 말해 주면 앞으로도 계속 두 물건을 인편에 보낼지 말지 결정하겠다. 화축(畵軸)은 둘 다 좋고, 서책 둘도 참 묘해, 죽관(竹館)*에서 맑은 눈으로 감상할 수 있겠더구나. 청장(青莊: 이덕무의 호)의 행장은 비슷하게는 되었으나 아직 탈고는 못했으니 이 뜻을 그 아들에게 전해 주면 어떻겠니? 완성되면 마땅히 사람을 보내마.

    초여름 보름에서 20일 사이 만일 다른 우환이 없거든 내려왔으면 좋겠다. 네 동생하고 같이 와도 좋고, 오고 싶어 하는 다른 사람이 있으면 함께 와도 무방하다.

맏손자 효수에 대한 각별한 관심을 표하고 있다. 멀리 떨어져 있어 직접 보지는 못하지만 이마는 어찌 생겼고 정수리는 어떤지 이모저모 자세히 알고 싶은 심경이 행간에 역력하다.

죽관(竹館)   앞에 나온 '죽리관'(竹里館)을 가리키는 듯함.

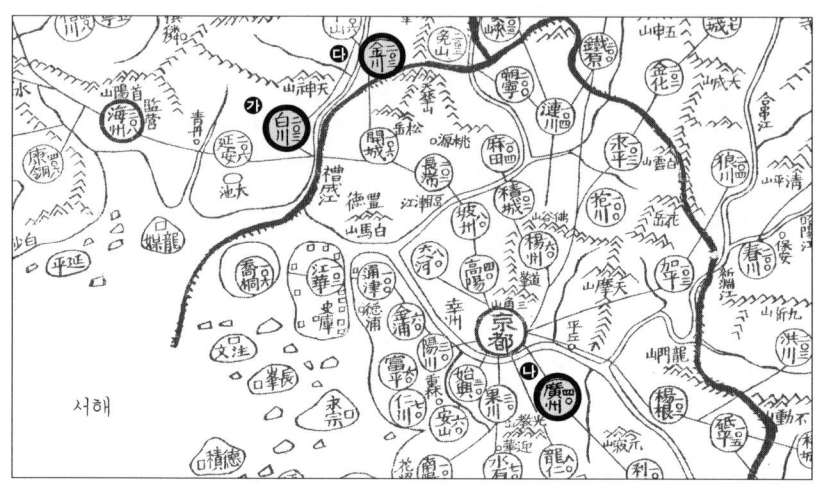

연암 가(家)의 전장(田庄) 연암 집안의 전장이 있던 배천(㉮)과 광주(㉯). 그리고 개성 북쪽의 금천에 연암협(㉰)이 있고, 여기에 연암산장(燕巖山莊)이 있었다. 〔해좌전도〕의 일부〕

관찰사가 도내 순시할 때 든 접대 비용이 퍽 많았던 모양이다. 연암은 고을 원의 임기가 얼마 남지 않았으므로, 돌아갈 때 빚만 안 져도 다행이라는 말을 하고 있다. "나의 이 뜻을 잘 헤아려 주면 좋겠다"는 말은, 사정이 이러니 생활비를 넉넉히 보낼 수 없다는 뜻이리라.

고추장과 여러 밑반찬을 애써 보내 줬건만 좋다 싫다 아무 말이 없자 "무람없다"며 꾸짖는 대목이 인상적이다. 예나 지금이나 자식이 부모에게 무심한 건 매일반인 모양이다.

8 | 큰아이에게

11일 서창(西倉)*에 나가 곡식을 분급(分給)하고 영각사(靈覺寺)*에서 잤다. 남령(嵐嶺)*을 넘자 50리를 끼고 수석(水石)이 펼쳐져 흥에 겨워 시를 읊조렸단다.

천천히 수레 움직여
서글피 소나무 숲을 나오네.
차마 청산은 이별하여도
저 녹수는 어찌할거나.

당일 돌아오려고 해서다. 창고를 수리할 때 벽에다 새로 '苽熟蒂落'

서창(西倉)   안의현 서쪽 40리에 있던 고을 창고인 옥산창(玉山倉)을 가리키는 듯함.
영각사(靈覺寺)   안의현에 있던 절. 지금은 행정구역상 함양군 서상면에 속함. 신라 때 창건한 절로, 1770년(영조 46) 장경각(藏經閣)을 짓고 「화엄경」 판목을 새겨 봉안하였음.
남령(嵐嶺)   남덕유산에 있는 해발 800m의 산세가 아름다운 고개. 이 고개를 넘으면 월성계곡이 나오고 수승대(搜勝臺) 방면으로 갈 수 있음.

(과숙체락: 외가 익으면 꼭지가 떨어진다는 말)이라는 네 글자를 커다랗게 붙였는데, 감사*와 다른 고을 수령들은 모두 "벽에다 글자를 써 붙인들 빈 벼슬자리가 없으니 어쩌겠소?"라고 하며 집이 떠나갈 듯이 크게 웃더구나. 누가 알겠니, 이 글을 쓴 게 초엿샛날 아침인 줄을.*

12일 낮때에 고창(古倉)*에 나가 앉아 곡식을 분급하고 있는데, 서울에서 보낸 사람과 광엽(光燁)이 도착했다. 편지를 열어 보니 몹시 위로가 되고 다행스러운 마음이지만 며느리 산후병이 아직도 그렇다니 근심을 이루 말할 수 없다. 11일에 돈 보냈다. 이번 기별 듣고 잠시 그친다. 광엽은 챙겨갈 물건이 있어 바로 출발시키지 못하므로 하인들 및 전에 써 두었던 편지를 먼저 보낸다.

장부 정리는, 예전부터 곡물이 장부보다 모자라지 않았고, 또 목을 빼 서울로 돌아가길 기다린 지 오래거늘, 무슨 낭패될 일이 있겠느냐?

나는 날이 쾌청하기를 기다려 천천히 출발해 맘껏 유람하며 올라가려고 하니 언제 당도할지 지금 분명히 정할 수 없다. 그러니 애태우며 기다리지 않는 게 좋겠다. 영남과 호남의 대나무가 모두 얼었고, 백화(百花) 또한 얼어붙었으니 가을일이 걱정이거늘 어쩌면 좋을지 모르겠다. 몹시 근심된다. 이만 줄인다.

병진년(1796) 3월 15일, 중부

누가~아침인 줄을　아마 연암은 10일에서 11일 사이에 해임 통보를 받았던 게 아닌가 한다. '과숙체락'은 해임 통보를 받기 전에 쓴 글씨니, 사람들이 오해하는 것처럼 해임이 되자 뭔가 아쉬워서 쓴 글씨가 아니라는 말이다.
감사　연암의 벗 이태영(李泰永, 1744~1803)을 말함. 1795년 경상도 관찰사에 임명되었음.
고창(古倉)　안의현의 고을 창고인 고현창(古縣倉)을 말함. 안의 북쪽 35리 감음(感陰)이라는 곳에 있었음.

이 편지는 그 겉봉에 "재동(齋洞) 본댁즉납(本宅卽納)"이라고 적혀 있다. '재동'은 지금의 종로구 재동을 가리키는바, 당시 연암의 본가가 여기 있었다.

연암은 이 해 3월 23일 안의 현감의 임기를 마치고 서울로 돌아온다. 이 편지는 그 직전 안의현의 남은 일들을 처리하느라 연암이 퍽 분주했음을 보여준다.

연암은 안의현에 있던 두 창고에 가 고을 백성들에게 환곡을 나눠 주고 있다. 먼저 서창에서 시작해 이튿날 남령을 넘어 고창에 가 사무를 본 것으로 되어 있다.

남령을 넘으면 황점이라는 곳이 나오는데 바로 이 황점을 기점으로 아름다운 월성계곡이 시작된다. "50리를 끼고 수석이 펼쳐져"라는 말은 바로 이 월성계곡을 가리킨다. 나는 올 봄 연암 간찰의 번역을 막 끝내고 학생들과 함께 영각사와 남령을 답사한 바 있다. 남령은 8백 미터 높이의 험준하고 가파른 고개였다. 월성계곡을 지나며 연암이 읊은 시는 당나라 왕유(王維)가 지은 유명한 시 「망천 별장을 떠나며」(別輞川別業)다.

고을 원이 임기가 차서 그만두는 것을 '과만'(苽滿)이라고 하는바, 임기가 거의 다된 연암은 이 '과만'이라는 말에 촉발되어 '과숙체락'이라는 말을 쓴 듯하다. '과만'과 '과숙'은 같은 뜻이기 때문이다. '과숙체락'은 여러 가지 의미로 해석될 수 있는 말인데 연암은 『장자』에 나오는 '득어망전'(得魚忘筌), 즉 '물고기를 얻으면 통발을 잊는다'라는 의미로 이 말을 쓴 게 아닌가 한다. 주자(朱子)도 이 말을 이런 뜻으로 사용한 바 있다. 하지만 감사 등은 연암이 고을 원에서 해임되었다는 사실을 통보받자 새 벼슬을 희구하는 마음에서 이 글자를 써 붙인 것으로 오해하여 "빈 벼슬자리" 운운하는 말을 했던 것 같다.

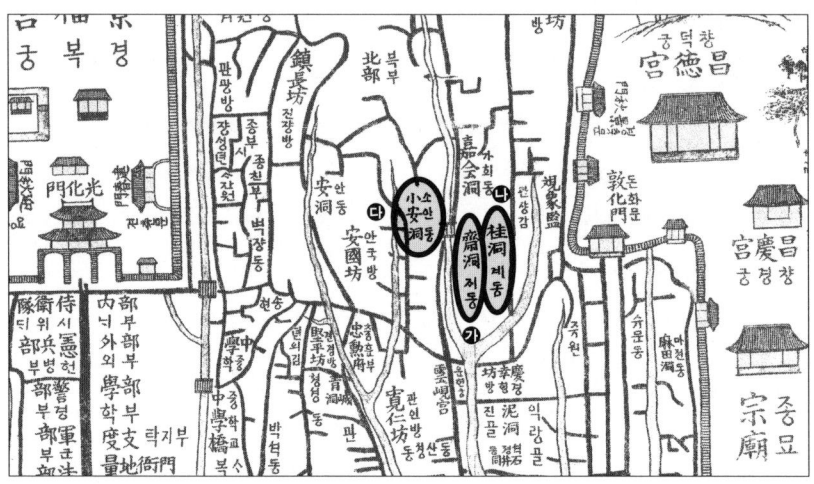

연암의 서울 집 재동(㉮)은 연암의 본가가 있던 곳이고, 계동(㉯)은 안의 현감의 임기를 마치고 돌아와 계산초당을 지은 곳이다. 소안동(㉰)에는 연암의 처남인 이재성의 집이 있었다. 『한성부지도』(漢城府地圖 : 1901년경. 동판본)의 일부

    광엽이란 사람은 연암 집안의 겸인(=청지기)이 아닌가 싶다. 겸인은 종이 아니고 평민 신분인데, 자기가 섬기는 사람 집안의 대소사나 경제 관련 일을 돕는 역할을 하였다.
    "장부 정리" 운운한 말은, 고을원이 교체될 때 창고 곡식과 장부의 기록이 일치하는지를 확인하게 되어 있기에 한 말이다.
    연암은 곧 안의를 떠날 입장이면서도 기상 이변으로 인해 남쪽 땅 백성들이 농사에 피해를 입지 않을까 노심초사하고 있다. 목민관으로서의 애민적 자세를 엿볼 수 있는 대목이다.

9 　큰아이에게

19일 네 곳 창고의 곡물을 다 조사했으며, 20일 거창에 가 이틀을 머물며 단성 현감과 함께 백일장(白日場)을 지켜보았다. 23일 아침, 지금 바야흐로 출발하려고 하면서 잠시 먼저 편지를 보내 잘 있음을 알린다. 광주(廣州) 선영에 차례로 성묘 드리고 갈까 하며, 추풍령 쪽 길로 올라간다. 행로가 험하니 언제 서울에 도착할지 모르겠다. 이만 줄인다.

병진년(1796) 3월 23일 아침, 중부

고지도에서 보듯 연암은 거창에서 출발해 지례와 김천을 지나 추풍령을 넘어 황간-회인-문의-청주-진천-죽산-용인-광주를 거쳐 상경하였다. 연암은 1792년 1월에 안의에 부임한바, 만 4년 2개월의 안의 생활이 이로써 종결되었다.

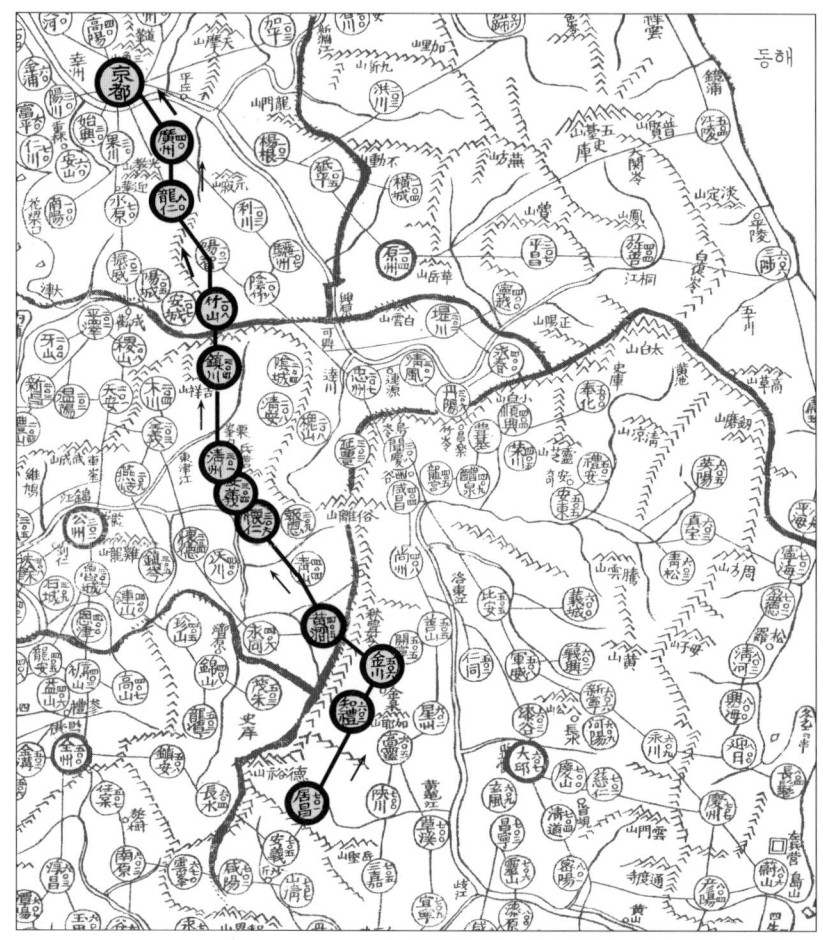

연암이 안의에서의 임기를 마치고 상경한 경로
거창(출발) → 지례 → 김천 → 추풍령 → 황간 → 회인 → 문의 → 청주 → 진천 → 죽산 → 용인 → 광주 → 경도(서울) 「해좌전도」의 일부

10　어떤 벗에게

　　얼마 전 중존(仲存)이 살 집으로 제동(濟洞)* 맨 높은 곳에다 좋은 땅을 구했는데 필운대와 북악이 모두 서안(書案) 사이로 보인다네. 돌아와 보니 그대가 보낸 편지가 서안 위에 놓여 있어 중존과 같이 읽었다네. 더군다나 「치안책」(治安策)* 한 편을 지어 보냈으니, 문장은 가생(賈生)*이요, 경륜은 육선공(陸宣公)*이라 이를 만하네. 중존과 서로 마주보고 세 번 탄식하다가 저도 모르게 몸을 돌려 필운대와 북악을 바라보고는 그 원기(元氣)를 칭송했지 뭔가.

　　화성(華城)*에 함께 놀러가는 건 나의 오랜 뜻이라네. 즉시 하인 석(席)

제동(濟洞)　지금의 서울시 종로구 계동을 말함. 원래 이곳에 조선시대의 의료기관인 제생원(濟生院)이 있어 제생동 혹은 제동이라고 했는데 후에 계생동(桂生洞), 계산동(桂山洞)이라고도 하고, 혹은 계동(桂洞)이라고도 함.
「치안책」(治安策)　중국 전한(前漢)의 문인 가의(賈誼)가 쓴 글로, 당시 나라의 급무에 관한 진언(進言)을 담은 글. 우국충정의 경세문자(經世文字)로 유명함. 여기서는 연암의 친구가 쓴 이 제목의 글을 말함.
가생(賈生)　가의를 말함.
육선공(陸宣公)　당나라 때 사람 육지(陸贄)를 말함. 시호가 '선'(宣)이므로 육선공이라 불림. 상소문을 통해 임금에게 자신의 경세책(經世策)을 자주 아뢴 인물로 유명함.
화성(華城)　수원을 말함.

과 의논했더니 "말이 건장하니 아무 문제가 없다"고 하는데, 다만 옆구리와 허벅지 사이에 또 작은 종기가 생겼거늘 크게 곪지 않을지 모르겠네. 화우(和友)*에게서 답이 오거든 즉시 이렇게 알려 주는 게 어떻겠나?

그대가 지은 책(策)은 중존이 그 자리에서 소매에 넣어 가지고 갔는데, 천천히 마음을 다해 평을 하겠다고 하더군. 이만 줄이네.

편지 받은 즉일(卽日), 아우 지(趾) 보냄

이 편지는 그 겉봉에 의하면 저동(苧洞)의 학사(學士)에게 보낸 것인데, 학사가 누구를 가리키는지는 더 상고가 필요하다. 참고로 말해 두면, 학사란 홍문관이나 예문관 등의 관청에서 문장을 담당하는 관원을 지칭하는 말로, 이른바 청요직(淸要職)에 해당한다.

연암은 안의에서 돌아온 후 저술을 하며 여생을 보낼 의도로 종로구 제동(濟洞: 지금 현대그룹 본사와 중앙고등학교가 있는 계동을 말함)의 한 과원(果園)을 구입하여 터를 닦아 흙벽돌로 집을 지었는데 그 서쪽 작은 다락집을 총계서숙(叢桂書塾:

화우(和友)   연암의 벗인 홍원섭(洪元燮, 1744~1807)을 가리키지 않나 추정됨. 그의 자가 '태화'(太和)였던바, '화우'의 '화'는 태화의 '화'자를 말한 게 아닌가 함.

서숙은 서재를 뜻하는 말)이라 불렀다. 이것이 곧 계산초당(桂山艸堂)이다. 이중존은 인근의 소안동에 거주하고 있었는데 집이 몹시 좁아 이곳에 옮겨 와 거처하였다. 훗날 박종채가 여기에 살았다. 연암의 본집은 이 집과는 별도로 종로구 재동(齋洞)에 있었다. 재동은 지금 헌법재판소가 있는 일대로, 동쪽으로는 계동과 접해 있고 서쪽으로는 안국동과 접해 있다.

연암은 벼슬길에 나간 이후 주자(朱子)의 글과 육선공의 글을 매우 중시하였다. 아마도 이들의 경세적·애민적 면모를 중시해서였을 것이다. 이 편지에서 가의와 육선공을 언급하고 있는 것도 그런 맥락에서 이해될 필요가 있다. 참고로 박종채가 쓴 연암의 전기에 의하면, 당시 연암은 이 계산초당에서 이중존과 더불어 나라를 다스리고 백성을 구제하는 방도와 이용후생의 방략을 늘 토론했다고 한다(『나의 아버지 박지원』, 128면 참조).

11 | 어떤 벗에게

복날 이후 더위가 더욱 심한데 어찌 지내나? 오늘 아침 시원한 때를 이용해 꼭 가서 볼까 했는데 해가 이미 중천에 걸렸구만. 저녁에 가면 밥 먹을 곳이 없으니 일단 여기 그대로 앉아 있다가 내일 새벽 경우(景禹)*와 함께 가겠네. 아침밥은 줄 수 있나? 이 때문에 편지하네. 이만 줄이네. 읽어 봐 주게.

즉일 보냄

추신: 연동(蓮洞)* 두어 곳에 위문할 일이 있다고 하네.

경우(景禹) 유재연(柳在淵)의 자(字)가 아닌가 한다. 유재연은 배와(坯窩) 김상숙(金相肅)의 아들인 죽하(竹下) 김기서(金箕書) 및 성해응(成海應)과 아주 친했다. 성해응의 『연경재전집』(研經齋全集) 속집 책(册) 17에 수록된 「유생 재연 애사」(柳生在淵哀辭)에 의하면, 사람됨이 호방하고 남의 면전에서 아첨하는 것을 좋아하지 않았으며, 젊어서 김상숙을 섬겨 그 서법을 배웠다고 한다. 서얼 출신으로 여겨진다.
연동(蓮洞) 지금의 종로구 연지동. 이곳에 연못이 있었으므로 '못골' 혹은 연지동이라고 했음.

이 편지는 그 겉봉이 남아 있지 않아 누구에게 보낸 건지 확인이 되지 않는다. 다만 편지 끝에 연암의 이름을 밝히지 않은 것으로 보아 만만한 손아래 사람에게 보낸 편지임엔 틀림없다.

특별한 내용이 있는 편지는 아니나, 말미의 "아침밥은 줄 수 있나?"라는 말이 재미있다. 진솔함이 느껴져서다.

12 | 큰아이에게

    광엽이 와 그가 한 일을 대강 들었는데, 잘한 것 같으니 다행이다, 다행이야. 관에서 매달 지급받는 땔나무를 아침에 들여보냈는데 잘 받았니?

    세 놈은, 그 면상을 보니 비록 두메산골의 꼬락서니지만 살집이 많아 산을 싫어하고 두 볼때기는 번들번들 기름기가 도니 퍽 우습구나.

    나는 세끼 밥, 세끼 잠 모두 잘 먹고 잘 잔다. 나무가 무성하여 어둠침침하고 온종일 꾀꼬리 소리지만, 가뭄이 심해 건조한 까닭에 두 눈에 눈곱이 끼어 흐릿하게 보이니 걱정이다, 걱정이야. 엽(樺)이는 내일 들어갈 게다.

연암은 1796년 안의에서 돌아와 그해 겨울 제용감(濟用監) 주부(主簿)에 임명되었으며 얼마 후 의금부 도사로 전보되었고 다시 의릉령(懿陵令)으로 자리를 옮겼다. 의릉령은 경종(景宗)과 그 비(妃)인 선의왕후(宣懿王后)의 능을 관리하는 종5품 벼슬이다. 의릉은 경기도 고양군에 있다. 이 편지는 아마도 의릉령으로 있을 때 임지에서 보낸 게 아닌가 한다.

"세 놈" 운운한 말은, 산승(山僧)을 가리키는 말이다. 연암은 안의 현감으로 있을 때 지리산에 거처하는 경암 및 역암(櫟菴)이라는 산승과 한두 차례 선(禪)에 대해 논한 적이 있으며, 또 벗이나 문생들이 서울에서 내려오면 글을 아는 승려를 불러 함께 문회(文會)를 갖기도 했다(『나의 아버지 박지원』, 114·115면 참조). 찾아온 세 명의 승려는 바로 이 안의에서 교유했던 경암 등과 관련이 있는 사람이 아닐까 한다.

"세끼 밥"이라는 말에 붙어 있는 "세끼 잠"이라는 말에 눈길이 간다. 간간이 낮잠을 즐겼던 모양이다. 퍽 한직이기에 그럴 수 있었으리라.

13 | 큰아이에게

    밤사이 안질(眼疾)은 어떻느냐? 북제(北齊)의 조정(祖珽)*이라는 사람이 청맹(靑盲)이 되자 쑥에다 말똥을 태워 그 연기를 쐬었다는 말을 못 들었니? 누가 너로 하여금 이런 참혹한 일을 겪게 하는 건지, 나도 모르게 마음이 섬뜩하여 밤새 한숨도 못 잤다. 네 외삼촌은 들어왔니?
    팥배나무* 한 바리를 어렵게 구해 들여보내니 잘 심도록 하고, 또 잘 단속하여 남들이 뽑아가지 못하도록 해라. 정원의 나무들이 그 사이 많이 없어졌다고 하니 참으로 통탄할 일이다.

조정(祖珽)   북제(北齊) 때의 벼슬아치. 자는 효징(孝徵). 감옥에 갇혀 눈이 멀었다고 함. 『북제서』(北齊書)에 그 전기가 실려 있음.
팥배나무   5월에 흰 꽃이 피는 나무. 당리(棠梨), 혹은 야당(野棠)이라고도 함.

종의에게 심한 안질이 생겼던 모양이다. 이를 걱정하는 편지다. 자식을 걱정해 "밤새 한숨도 못 잤다"는 말이 가슴을 뭉클하게 한다.

14 ｜ 큰아이에게

　　편지지 수십 폭과 창호지 열 장은 찾아 보냈느냐? 올 봄은 찬 서리가 내리는 등 이상하여 꽃 피는 게 차서(次序)가 없구나. 지금 바야흐로 온 산에 두견새 울고 배꽃이 활짝 피었으며 동산의 오얏은 눈처럼 흰데, 복사꽃과 살구꽃은 아직도 묘연하다. 서울 꽃도 그렇니?

　　옛 경상감사*는 이미 올라와 동네에 계실 터인데 농서(農書)*와 『면양집』(沔陽集)*을 찾아올 길이 없구나. 네가 같은 동네에 산다는 걸 내세워 찾아뵙고 찾아오는 게 어떻겠느냐?

　　육초* 수십 개를 사 갖고 오겠니? 그리고 초정(楚亭)이 쓴 「적벽부」(赤

옛 경상감사　연암의 벗 이태영을 말함. 1795년 경상도 관찰사에 부임하여 1797년 1월에 파직되었으며 같은 해 3월에 사간원 대사성으로 임명되었음.
농서(農書)　『과농소초』(課農小抄)를 가리키는 게 아닌가 함. 이 책은 일찍이 박지원이 연암협에 거주할 때 편찬한 책임.
『면양집』(沔陽集)　연암이 안의에 있을 때 엮은 책인 듯함. 현재 전하는 『면양잡록』(沔陽雜錄)이라는 책은 연암이 나중에 면천 군수로 있을 때 『면양집』을 토대로 내용을 확대한 것으로 추정됨.
육초　쇠기름으로 만든 초. 육촉(肉燭)이라고도 함.

壁賦)* 및 그밖에 벽에 바를 만한 걸 좀 갖고 오면 좋겠다.

『기기도』(奇器圖)*를 보내 줬으면 한다. 언제 내려오려고 하느냐? 3월의 약속은 어떻게 해야 할지 모르겠다. 그 자리에 나가면 몸을 뺄 도리가 없을 듯해서다. 백선(伯善)* 부자는 그 사이 몇 차례 만났느냐? 그 얼버무리는 행태 및 아둔하고 게으른 성품은 전에 비해 어떻더냐? 조대(釣臺: 시냇가의 낚시하는 곳)에 집을 지어 이제 29일 기둥 위에 상량(上梁)을 할 참인데 다만 개초(蓋草: 이엉으로 지붕을 함)를 할 것이 유감스럽다.

용골차(龍骨車)*의 본(本)과 물방아의 작은 본(本)이 고방(庫房) 들보 위에 있으니 찾아 보내지 않으련?

배꽃이 활짝 피었건만 복사꽃과 살구꽃은 묘연하니 괴이한 일이다. 봉래원(鳳來園)*에 심은 삼(參)은 지금 어떤 상태냐? 내 생각으론 이곳에 옮겨 심으면 좋을 듯싶다.

「적벽부」(赤壁賦)　　중국의 소동파가 창작한 작품.
「기기도」(奇器圖)　　명말(明末), 예수회 수사(修士)로서 중국에서 활동했던 테렌츠(Jean Terrenz, 1576~1630. 중국명 鄧玉函)가 편찬한 책인 「기기도설」(奇器圖說)을 가리키는 것으로 보임. 기중기와 수차를 비롯해 여러 가지 이용후생의 기계들이 그림으로 설명되어 있음.
백선(伯善)　　남덕신(南德新, 1749~?)의 자(字). 연암그룹의 일원임.
용골차(龍骨車)　　용두레. 물을 자아올려 논밭에 대는 기구. 중국 송나라 때 광작(廣作) 논농사에 따른 관개의 필요성 때문에 고안된 수차(水車)의 하나.
봉래원(鳳來園)　　재동에 있던 연암 집의 원정(園庭) 이름으로 보이나 확실한 것은 미상.

이 편지는 연암협(燕岩峽)에 있으면서 1797년 2월경에 보낸 것으로 추정된다. "농서" 운운한 말이 보이는데, 박지원은 2년 후인 1799년 3월 농서(農書)를 구하는 정조(正祖)의 윤음에 부응하여 옛날 연암협에서 편찬해 뒀던 『과농소초』에다 자신의 견해를 첨부한 뒤 토지 소유를 제한하는 주장을 담은 글인 「한민명전의」(限民名田議)를 부록으로 붙여 바친 바 있다.

　연암협의 시냇가에 새로 작은 집을 하나 지었던 모양이다. 그래서 벽 바를 종이를 좀 가져오라고 한 것이다. 개초(蓋草), 즉 이엉으로 지붕을 하게 되어 유감이라고 했는데, 기와지붕을 하고 싶었지만 재력이 안 됐기에 한 말일 터이다. 종의에게 용골차의 본(本)과 물방아의 본을 가져오라고 한 걸 보면 박지원은 당시 연암협의 시내에다 물방아 등을 설치하려 한 것 같다. 박규수의 시 「이호산장도가」(梨湖山莊圖歌)에 의하면, 연암협에는 고반정(考槃亭)·하당(荷堂)·죽각(竹閣) 등의 건물이 있었으며, 석치(石痴) 정철조가 이 연암산장(燕岩山莊)의 모습을 그림으로 그려 남겼다고 한다. 이가원 선생의 『연암소설연구』에 도록으로 실려 있는 「연암도」(燕巖圖)라는 그림이 곧 정철조가 그렸다는 「연암산장도」 같다.

　봉래원에 삼을 심었다고 했는데, 박지원은 연암협에 은거할 무렵 개성을 드나들었던바 혹시 이때 삼 재배하는 방법에 대한 견문을 얻은 게 아닌지 모르겠다.

15 　큰아이에게

　　초필(抄筆)* 열 자루 보낸다. 이 붓은 비록 크기는 작으나 글자를 쓸 때 붓끝이 뜻대로 움직이고 오래 써도 뭉툭해지지 않는다. 정말 좋은 붓이라 할 만하니, 한번 써 보려무나. 요즘의 황모(黃毛)*는 비록 좋지는 못하지만 이 붓과 같은 체양(體樣)인 듯해 먼저 다섯 묶음 30여 자루를 구해 놓았다.

　　종현(鍾峴)*의 참판댁 부인 상(喪)이 났느냐? 접때 부고가 왔는데 '제(齊) 뭐'*라고 칭한 것으로 보아 산여(山如)의 아들* 같은데, 승중(承重) 증조모상*을 당한 모양이다. 자세히 알아본 후 진주(晉州) 집에 전하는 게 어떻겠니?

초필(抄筆) 　잔글씨를 쓰는 가느다란 붓.
황모(黃毛) 　족제비 꼬리털. 빳빳한 세필(細筆)의 붓을 만드는 데 씀.
종현(鍾峴) 　북고개. 혹은 북달재라고도 함. 서울시 중구 명동의 고개 이름.
제(齊) 뭐 　'제현(齊賢)'을 말함. 이름자 중 한 글자를 말하지 않은 건 이름을 다 부르기가 뭣해서 휘(諱)한 것임.
산여(山如)의 아들 　'산여'는 연암의 족손(族孫)인 박남수(朴南壽, 1758~1787)의 자. 그 아들이란 제현(齊賢)을 가리킴.
승중(承重) 증조모상 　아버지를 여읜 맏아들이 증조모가 돌아가셔서 아버지를 대신하여 상복을 입고 상례를 치르는 것을 말함.

55

원평(元平)*에게 흰 책지(冊紙: 책 만드는 데 쓰는 종이) 한 뭉치 보냈느냐? 심치교(沈穉敎)*에게 똑같이 보내 줘도 무방하겠다. 유구(悠久)*에게 편지를 전했느냐? 왜 그리 오랫동안 답장이 없니? 답장을 얼른 받도록 했으면 한다.

이 붓을 시험적으로 한번 써 보니 정말 구하기 어려운 붓이라는 생각이 든다. 모름지기 아껴 쓰는 게 어떻겠니?

중국사람 척독(尺牘)* 가져갔느냐? 잘 보관하렴. 임금님께서 지으신 「금성위 신도비」(錦城尉神道碑)*와 「이제독 묘기」(李提督廟記)*는 두루 찾아 봐도 안 보이는구나. 혹시 가져갔니? 자세히 말해 줬으면 한다.

원평(元平) 정조·순조대의 문신인 남공철(南公轍, 1760~1840)의 자(字).
심치교(沈穉敎) 정조·순조대의 문신인 심상규(沈象奎, 1765~1838). '치교'는 그 자(字).
유구(悠久) 이영원(李英遠, 1739~1799)의 자(字). 영의정을 지낸 이경여(李敬輿)의 5대손이며, 이연상(李衍祥)의 아들. 「나의 아버지 박지원」, 173면에 이 인물에 대한 언급이 보인다.
중국사람 척독(尺牘) '척독'이란 문예성이 있는 짧은 편지글을 말한다. 당시 중국인의 척독 선집이 조선에 유행하고 있었다.
「금성위 신도비」(錦城尉神道碑) 금성위란 연암의 삼종형(三從兄)인 박명원(朴明源, 1725~1790)을 가리킨다. 영조의 제3녀 화평옹주(和平翁主)와 혼인하여 금성도위(錦城都尉)에 봉해졌다. 정조의 각별한 신임을 받아 죽은 후 정조가 그 신도비문을 지었다. 연암은 일찍이 이 삼종형을 수행해 중국의 열하를 다녀온 바 있다.
「이제독 묘기」(李提督廟記) 임진왜란 때 명나라의 제독으로 조선에 와서 왜병과 싸운 이여송(李如松)을 가리킴. '묘기'란, 현판에 새겨 사당에 거는 글을 말함.

이 편지는 연암협에서 보낸 것으로 추정된다. 좋은 붓을 구해 기분이 퍽 좋았던지 붓에 대해 길게 이야기하고 있다. "이 붓을 시험적으로 한번 써 보니"라고 했지만 정말 이 편지 원본을 보면 다른 편지와 달리 예리한 세필(細筆)로 씌어져 있음을 알 수 있다. 종이에 대한 언급이 보이는데, 옛날에는 종이가 귀했던바 종이를 선물하는 일이 많았다.

'척독'(尺牘)이란, 문예미를 의식해서 쓴 짧은 편지를 일컫는 말이다. 『연암집』에 실려 있는 연암의 척독은 대단히 생기발랄하고 참신한데, 연암이 명·청대 중국인의 척독들을 두루 소화함으로써 그런 글을 쓸 수 있었음이 이 편지로 확인된다.

16 큰아이에게

어제 개성 유수(開城留守)* 가실 때 대략 몇 글자 부쳤는데 벌써 받아 보았을 테지? 나는 별 탈 없이 늙고 있다. 아이 또한 잘 지낸다니 다행이다. 지금 바야흐로 연암협인데 26, 7일 사이에 돌아갈까 한다. 아전을 불러 꼭 이 사실을 전하여, 보름날 길을 떠나는 게 좋겠다. 하인 석(席)이도 집에 없으니 자물쇠 잘 잠그고 문단속도 잘하는 게 어떻겠니? 골짝에 들어갔다가 내일 돌아올 거다. 이만 줄인다.

정사년(1797) 4월 18일, 중부

개성 유수(開城留守)   연암의 벗 황승원(黃昇源, 1732~1807)을 가리킨다. 당시 개성 유수로 있었다.

이 편지는 그 겉봉에 "연암행중(燕巖行中) 평서(平書)"라고 적혀 있다. 연암협으로 가던 중에 안부 편지를 보낸다는 뜻이다.

당시 개성 유수로 와 있던 황승원(黃昇源)은 연암의 소싯적 친구로, 영조 때 고문가로 명성이 높았던 황경원(黃景源)의 사촌동생이다. 연암은 스무살 무렵 황승원과 산사(山寺)에서 같이 공부한 적이 있다.

문단속 잘하라는 말에서 연암의 세세하고 자상한 성품을 엿볼 수 있다. 종래 연암은 대개 호방하고 활달한 사람으로만 알려져 왔는데, 이 편지에서 보듯 대단히 사려가 많고 꼭닥스런 면이 있음을 알 수 있다. 당시 그의 나이 60이었으니, 연옹(燕翁)이 늙은 탓일까?

17 | 큰아이에게

　기보(碁譜)*가 계산초당(桂山艸堂)의 들보 위에 있으니 그걸 찾아 보내 주지 않겠니? 해는 점점 길어지는데 소일할 좋은 방도가 없어서다.
　광엽은 과연 27일 골짝으로 갔느냐? 간 후에 소식을 들을 길이 없으니 몹시 탄식한다.
　과거 볼 날이 점점 다가오는데 과시(科詩: 과거를 볼 때 짓는 시)는 몇 수나 지어 봤으며 속작(速作)에는 능하여 애로가 없느냐? 글제를 대해서 마음에 어렵게 느껴지지 않은 뒤에라야 시험장에 들어갈 일이고, 비록 반도 못 썼다 하더라도 답안지는 내고 나올 일이다. 중존은 네가 쓴 최근의 글을 보고 뭐라 하더냐? 또 네 아저씨*는 뭐라 하더냐? 자세히 적어 말해 주면 어떻겠니? 그리고 글씨 연습을 하지 않아서는 안 되니 좋은 간장지(簡壯紙)*를 사서 성의를 다해 살지고 충실하게 글씨를 써 보는 게 어떻겠

기보(碁譜)　바둑 두는 법을 적은 책.
네 아저씨　연암의 종제(從弟)인 박수원(朴綏源, 1738~1811)을 가리키나 추정된다. 박수원은 여호(黎湖) 박필주(朴弼周)의 손자로, 연암은 한때 계산동에 있던 그의 집을 빌려 산 적이 있다.
간장지(簡壯紙)　편지 쓰는 종이를 만드는 질이 좋은 한지로, 두껍고 질김.

니? 다섯 냥을 보내 줄 테니 시지(試紙)* 및 과거 볼 때 필요한 물건을 사는 데 보탰으면 한다. 다만 그때 임박해서 보내겠으니 잘 헤아려서 처리하렴.

『오륜행실도』* 첫째 권은 바꿔 보내 주는 게 어떻겠느냐?

추찬(秋餐)*이 좋은 칼을 만들었다는데 아직 보내오지 않았으니 그 사람 하는 일이 늘 이렇다. 모름지기 얼른 성위(聖緯)*에게 가 즉시 찾아 보내게 하고, 성위를 호되게 꾸짖는 게 좋겠다.

광엽은, 제가 맡아 하는 일이 처음 요량과 별로 다르지 않다고 하던데, 너한테 와서도 과연 뜻대로 잘된다고 하더냐? 여기 왔을 때 내가 그의 말을 걱정하자 비록 이리 대답하긴 하더라만 지금 그가 한창 신경을 써서 하고 있는 중이라 그만두고 싶어도 그만둘 수 없는 처지이고 그래서 나에게 감추는 말이 없지 않은 듯하니 개탄스럽다, 개탄스러워.

흰 닥나무 껍질* 100근이면 능히 네 통*은 띄울 테니 무방할 성싶지

시지(試紙)　과거(科擧)에 답안지로 쓰던 종이. 과거 응시자들은 과거 보기 하루 전에 자신이 마련한 시지를 예조(禮曹)에 바치고, 예조에서는 어보(御寶)를 찍어 과거 날에 돌려주었음.
「오륜행실도」　정조 21년(1797)에 왕명에 따라 편찬된 책. 오륜에 출중한 사람들의 행적을 추려 적고 그 옆에 그림을 덧붙였음. 전부 5권 4책이었음.
추찬(秋餐)　이희영(李喜英, 1757~1801)의 호. 이희경(李喜經)의 동생으로, 그림을 잘 그렸다. '누가'라는 세례명을 받고 천주상(天主像)을 그리는 등의 일을 했다 하여 1801년 천주교 박해 때 서소문 밖에서 처형당했다.
성위(聖緯)　이희경(李喜經, 1745~?)의 자(字). 호는 윤암(綸菴) 또는 설수(雪岫). 이희영의 형이다. 저서로 이용후생에 대한 실학적 관심이 표명된 『설수외사』(雪岫外史)가 전한다.
흰 닥나무 껍질　한지의 재료인 닥나무 속껍질을 말함.
네 통　지통(紙筩) 넷의 분량을 말하는 듯하다. '지통'이란, 푹 삶은 뒤 곤죽처럼 으깬 닥 및 닥풀을 물과 함께 풀어 넣은 큰 통을 말한다. 이 지통을 막대기로 휘휘 잘 저은 다음 발틀로 종이를 한 장 한 장 떠낸다. 닥나무 껍질 25근 한 통이면 100장 정도의 종이가 나온다고 한다.

만, 그래도 어찌 꼭 장담하겠니?

의릉의 근무지에서 1797년 여름에 보낸 편지로 보인다. 능을 지키는 벼슬은 한 직인데 기보를 찾아서 보내 달라고 한 것을 보면 지내기가 몹시 지루했던 모양이다. 광엽이가 갔다는 골짝은 연암협을 가리키는 게 아닌가 생각된다.

아들 과거 볼 날이 다가오자 과시는 몇 수나 지어 봤으며, 글을 빨리 짓는 데는 문제가 없는지, 답안지는 어떻게 해야 하며, 글씨 연습은 어떻게 해야 하고, 시지(試紙)는 어떻게 마련할 건지 하는 등등에 대해 세세히 챙겨 주고 있다.

성위, 즉 이희경은 서얼 출신이다. 그는 25세 되던 1769년 연암을 모시고 백탑시사(白塔詩社: 백탑은 종로 3가의 원각사 탑을 말함)를 결성한 이래 연암과 북학에 대한 관심을 공유하였다. 그는 1782년 이래 1799년까지 다섯 차례나 중국을 다녀오면서 청나라의 문물에 대한 식견을 쌓아 갔으며, 직접 농기도(農器圖)를 편찬하고 용미차(龍尾車)를 제작하기도 하였다. 그의 이런 실학적 관심은 그가 저술한 책 『설수외사』(雪岫外史)에 잘 나타나 있다.

뿐만 아니라 성위는 연암의 가장 충직한 문생의 한 사람이었던 것으로 보이는바, 1805년 10월 20일 연암이 서거할 때 이재성과 함께 그 임종을 지켜본 사람이 바로 이 성위였다.

편지 끝부분은 한지(韓紙) 제작과 관련된 말이다. 아마도 광엽에게 한지 제작을 맡겼던 것 같은데 그다지 미덥지 못했던 모양이다. 지금 전하는 연암 가(家)의 전적(典籍) 중에 '燕岩山房'이라는 네 글자가 판심에 박힌 종이를 쓴 것들이 있는데 아마도 이 편지에서 보듯 집안에서 종이를 제작하면서 박아 넣은 게 아닌가 싶다.

18 중존에게

초당*에 해는 길고
나무 그늘은 뜰 가득 푸르네.
때때로 꾀꼬리 날아와
꾀꼴 꾀꼴 벗 부르누나.
이 속의 글 읽는 어떤 한 사람
안빈낙도 문밖을 나서지 않네.
지금 공책을 두 권 보내니
글 지어 그 속을 가득 채우길.

범수(範秀)* 혼처(婚處)는 아직 정한 데가 없는가? 이는 큰 대사(大事)니 지금 정해 두어 겨울 무렵 혼례를 올리면 좋을 것 같네. 이 몸은 여기서

초당　계산초당을 가리키는 것으로 보임.
범수(範秀)　이재성의 맏아들인 이정리(李正履, 1783~1843)를 가리키지 않나 추정됨.

빠져나갈 수가 없고 그대는 서울에서 하는 일이 없으니 새로 서늘해질 때를 틈타 한번 내려오는 게 온당하지 않겠나? 아이가 내달 초에 들르기로 되어 있는데 그때 성위와 나란히 말을 타고 오면 무방할 듯싶네. 말을 세내어서 온들 무슨 상관이 있겠나.

─────────

의령의 근무지에서 보낸 편지다. 계산초당에 거주하고 있는 이중존더러 한번 다녀가라는 말이다. '공책'은 요즘의 노트를 생각하면 안 된다. 글을 쓸 수 있도록 백지(白紙)로 맨 책을 말한다. 이중존에게 저술을 하라는 뜻으로 보내 준 것이다.

19 어떤 벗에게

밤비가 마치 부견(符堅)이 강물을 채찍으로 내리치는* 것처럼 후드득 후드득 집을 흔들어 대는 바람에 밤새 잠을 이루지 못했사외다. 게다가 수많은 이[蝨]들이 들끓는 바람에 외마디 소리를 내지르며 발광할 뻔했거늘, 알지 못하겠사외다, 그대는 이런 우환을 면했는지? 어떤 사람의 편지를 보내드리며 한번 웃사외다.

연암 특유의 익살스런 필치가 잘 드러나는 편지다. 여름날 밤새 내리퍼붓는 장대비와 온 몸에 들끓는 이 때문에 영 잠을 설친 모양이다. 누구에게 보낸 편지인지는 확인되지 않는다.

부견(符堅)이 강물을 채찍으로 내리치는　부견은 남북조 때 전진(前秦)의 임금. "나의 군사들로 하여금 채찍으로 강을 내리치게 하면 족히 강물을 끊을 수 있다"라고 한 말이 『진서』(晉書)에 보임.

20 　개성 유수께

즉시 대감께서 보내신 답서를 받고 무더운 날씨에 잘 계신다는 것을 알게 되어 위로되는 마음 이루 말할 수 없습니다. 시생(侍生)*은 오랫동안 왕릉을 지키고 있어 습한 풀 기운과 마구 덤벼드는 모기떼 때문에 좋은 일이 없사오니 어쩌겠습니까? 아뢰올 말씀은, 부내(部內)에 거주하는 김광복이라는 자에게 우습고 통탄스런 일이 있사온데, 그 상신(上申)한 글이 번다하므로, 마땅히 청지기 서(徐)로 하여금 가서 소지(所志)*를 받아오게 하여 자세히 살펴 엄하게 처리하셨으면 합니다.

윤생(尹生)은 며칠 안 있어 영하(營下)*에 나아와 자기 입으로 자세한 사정을 아뢸 겝니다. 그놈 형제 중 한 사람을 돌아가며 가둬 독현(督現)*케 하는 것이 좋겠습니다. 대감께서 만약 그 전후 사장(事狀)을 살펴보신다면

시생(侍生) 　웃어른에게 자기를 낮추어 이르는 말. 연암은 개성 유수인 황승원과 비록 친구 사이지만 개성 유수의 품계를 고려해 예의를 갖춰 말한 것임.
소지(所志) 　청원이 있을 때 관아에 내는 소장(訴狀).
영하(營下) 　개성부(開城府)를 말함.
독현(督現) 　피고인에게 해당 관청으로 출두하여 현신(現身)하기를 독촉하는 일.

굳이 이런 말씀을 드리지 않더라도 엄히 징계하시리라 생각됩니다. 예를 다 갖추지 못합니다.

정사년(1797) 윤월(閏月) 초5일,
시생 복인(服人)*이 감히 이름을 말하지 못하고 황송히 올림

개성 유수로 있던 황승원에게 보낸 업무상의 편지다. 누구의 상(喪)인지는 모르겠으나 연암은 당시 복(服)을 입고 있었고, 그 때문에 편지에서 이름을 말하지 않고 있다. 상중(喪中)에는 편지 말미에 자신의 이름을 말하지 않는 게 당시의 예법이었기 때문이다.

복인(服人)　복(服)을 입고 있는 사람, 즉 상중(喪中)에 있는 사람.

21 | 큰아이에게

부임길에 오른 후 늦더위가 갈수록 심한데 집안엔 별고 없느냐? 나는 초닷샛날 평택역에서 잘 자고 지금 출발하려고 하는데 다리 붓는 증세는 나아지고 있지만 치질이 몹시 심해 난감하다. 그저께부터 차례로 고을에 들며 탄식해 마지않으니 뭔 일이라고 해야 할지. 비록 지극히 아프고 괴로워 애가 끊어지고 간담이 찢어질 듯하다가 돌연 괜찮아진다고는 하나 이처럼 증세가 심해 정신을 잃을 듯한 상태가 오래간 적은 없거늘 어찌 이 지경에 이를 줄 알았겠니. 몹시 서글플 뿐만 아니라 놀라 탄식하게 된다. 아무래도 필시 험로에 고꾸라질 것 같구나. 좀더 가면 강에 들 텐데 어쩌면 좋으냐?

오늘 점심께에 안(安) 사돈댁*에 들러 쌀 반 말과 중로(中路)의 주효를 드릴까 한다. 나머지 자세한 말은 새벽 등불 아래 땀을 훔치느라 다 하지 못한다.

안(安) 사돈댁 종의의 첫 아내인 덕수 이씨는 종의가 스물세 살 때인 1788년 역병(疫病)으로 사망했다. 종의는 이후 순흥 안씨와 재혼했다. "안 사돈"이란 종의의 장인인 안휘(安彙)를 가리킨다.

정사년(1797) 7월 초엿새 새벽, 중부

추신: 오늘 인신(印信)*이 내려올 게다. 그러므로 신창(新昌)*에서 먼저 도임 날짜를 보고할 작정이다. 초엿새라도 괜찮을 듯싶다.

연암은 1797년 7월 초 면천 군수에 임명되어 부임길에 오른다. 출발하기 전 연암은 심한 학질을 앓아 몸이 많이 쇠약해져 있었다. 그런 터에 부임길에 치질이 도져 이루 말할 수 없는 고초를 겪은 듯하다. 앞의 편지들은 늘 자식을 걱정하고 나무라는 말 일색이었는데 이 편지는 거꾸로 아들에게 하소연하는 말이다. 그 말이 퍽 애처롭다.

  연암은 면천 군수에 임명되자 대궐에 들어가 임금님께 하직인사를 드린 다음, 서울을 출발해 과천을 지나 수원-진위-평택-신창을 거쳐 면천의 임지에 도착하였다. 면천은 당시는 군이었지만 지금의 행정구역상으로는 당진군 면천면이다.

  이 편지의 겉봉에는 "일행이 무사히 평택 숙소에 도착했으며, 출발할 때 안부 편지를 보낸다"라고 적혀 있다.

인신(印信)   고을원의 관인(官印)을 말함. 조정에서 내려옴.
신창(新昌)   지금의 충남 아산시 신창면.

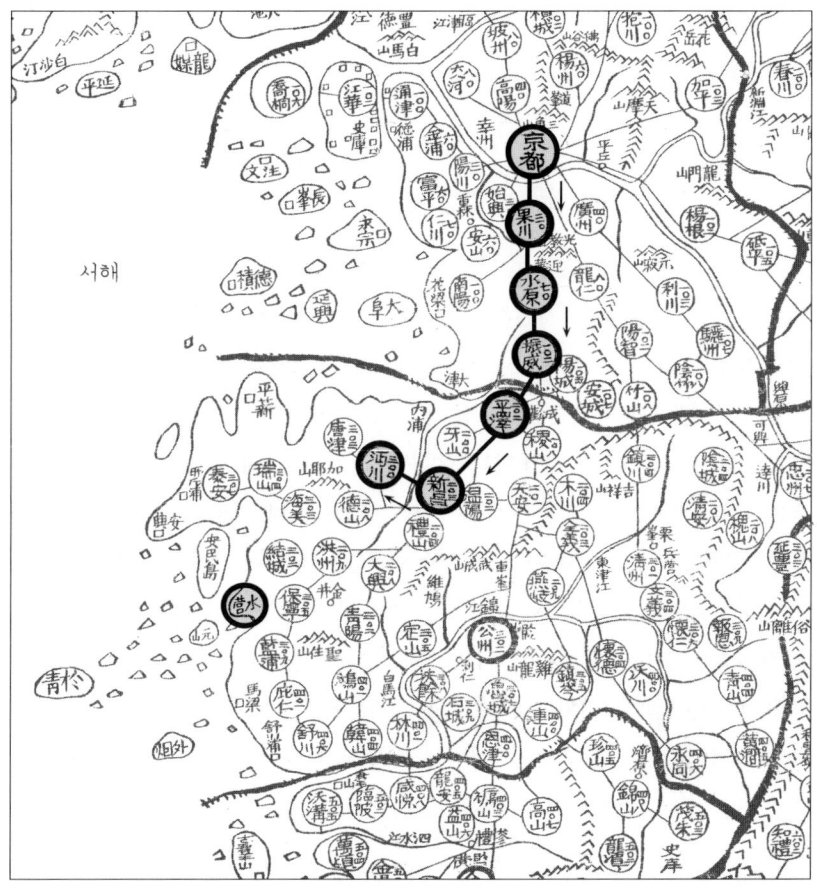

연암이 면천에 부임한 길
경도(서울) → 과천 → 수원 → 진위 → 평택 → 신창 → 면천. 면천은 지금의 당진군 면천면이다.
보령 왼쪽의 수영(水營)이 바로 수군 절도사가 있던 군영이다. 「해좌전도」의 일부)

22 | 큰아이에게

과천(果川) 지나던 때의 소식은 혜중(惠仲)*한테서 들었을 테지. 일간 무더위가 심한데 집안은 모두 별일 없느냐? 다리 붓는 중세는 다 나았고 먹는 것과 자는 것은 평상시와 같지만 치질이 몹시 심하니 이게 난감한 일이며, 당장 더욱 견디기 어려운 건 입술 아래 턱 위의 벌겋게 부은 부스럼이 짓무른 것이니, 비록 크게 걱정할 일은 아니나 괴롭긴 괴롭다.

내일 아침 부임하기 위하여 잠시 성* 아래 머물 작정이지만 고을 형편 범백(凡百)에 대해 아무 것도 아는 게 없구나. 다만 관아의 문을 여닫을 때 하는 의식(儀式)인 북 치고 날라리 부는 일*은 안의보다 낫고, 말 엉덩이가 가늘어서 잡히는 건 꼭 서울 역마(驛馬) 같으며, 용자군뢰(勇字軍牢)*는 영남

혜중(惠仲)   한석호(韓錫祜, 1750~1808)의 자(字). 개성 사람으로, 박지원의 연암협 은거 시절의 제자.
성   당시 면천군에는 석축(石築)의 읍성(邑城)이 있었던바, 주위가 3천 척에 높이는 15척이었음.
북 치고 날라리 부는 일   조선조 때 감영과 각 고을의 삼문(三門)을 날마다 여닫을 때 사람들에게 알리기 위하여 문루(門樓)에서 큰북을 치고 소라와 날라리를 불었음.
용자군뢰(勇字軍牢)   등에 '勇'이라는 글자가 있는 옷을 입은 군뢰. 군뢰는 군영(軍營)과 관아에 소속되어 죄인을 다스리는 일을 맡았던 군졸인데 '군뢰복(軍牢服)'이라고 하는 특유의 복장을 했음.

보다 낫다. 아전과 하인배의 면상은 몹시 꾀죄죄하고 초라한데 이는 돈과 재물로 졸지에 살 수 있는 것이 아니라서 그런 걸 테니 우습구나, 우스워.

  수영(水營)*에서 실시하는 수조(水操)*는 다음 달 11일 합조(合操)*를 할 예정이라는데, 병선(兵船)*과 방선(防船)* 두 척에 태울 수군은 그 정원 백여 명에 한참 미달이며, 이밖에 배에 부착해야 할 장비를 기한까지 조달할 가망이 전혀 없구나. 비록 빈 배라고는 하나 물길이 험하고 먼 데다 안흥목[安興項]*을 통과해야 하니 반드시 바람을 잘 살펴야 수군이 집결해 있는 곳에 도착할 수 있지 싶다. 만일 초엿샛날의 점고(點考)에 가지 못한다면 이 일이 비록 아이들 장난 같다고는 하나 군율이 몹시 엄하니 이를 장차 어찌할꼬. 호수(虎鬚),* 동개(同介),* 칼, 채찍 등의 물건은, 며칠 후 내가 사람을 보낼 테니, 이 점 유의하여 빌릴 만한 데를 널리 물어봐 두는 게 어떻겠니? 말이 돌아가는 편에 대강 쓴다.

정사년(1797) 7월 초여드레, 중부

수영(水營) 수군절도사가 주재하는 군영(軍營)이며, 수군의 주진(主鎭)임. 당시 보령현 서쪽 20리 지점에 있었음.
수조(水操) 수군을 조련하는 일.
합조(合操) 여러 부대가 모여서 함께 군사훈련을 하는 일, 즉 합동훈련.
병선(兵船) 조선시대 전투 시에 사용되던 소형 전투선. 승무원은 타공(舵工: 키잡이) 1인, 포수 2인, 노군(櫓軍: 사공) 14인 등 총 17인이었음.
방선(防船) 조선시대 수영에 배속되어 있던 전선의 하나. 뱃전에 방패를 설치하였으며 전선보다는 작고 병선보다는 큰데 수군 60여 명이 탈 수 있었음.
안흥목[安興項] 충청남도 태안반도 남서부에 있는 안흥만을 가리킴. 물살이 세고 급한 곳을 '목'이라고 이름.
호수(虎鬚) 주립(朱笠: 융복을 입을 때 쓰는 붉은 대갓)의 네 귀에 장식으로 꽂던 흰 빛의 새털.
동개(同介) 활과 화살을 꽂아 등에 지게 만든 물건.

추신: 성위(聖緯)와 백선(伯善) 집에 보내는 봉물(封物)을 동봉해서 보내니 일일이 잘 전하도록 해라.

⚜

아직 부임도 안 했건만 내달 11일에 있을 수군 합동 군사훈련 준비에 대한 걱정으로 가득하다. 이런 걸 보면 연암의 성격이 상당히 치밀하고 준비성이 있음을 알 수 있다.

당시 수조(水操)에는 두 종류가 있었다. 하나는 각 도의 수사(水使)가 주관하는 도(道) 수조요, 다른 하나는 통제사·통어사가 주관하는 합조(合操)다. 도 수조는 각 도 수사 예하 진(鎭)·포(浦)의 수졸과 병선을 징발하여 그 도의 앞바다에서 해전에 필요한 제반 훈련을 하는 것이고, 합조는 통제사가 경상·전라·충청의 수군을, 통어사가 경기·황해의 수군을 합동으로 훈련시키는 것이다. 수군 훈련은 보통 봄·가을 두 차례 실시하는데, 한 번은 도수조를 하고, 다른 한 번은 합조를 한다.

한편, 이 편지 중에 보이는 "아전과 하인배의 면상은 몹시 꾀죄죄하고 초라한데 이는 돈과 재물로 졸지에 살 수 있는 것이 아니라서 그런 걸 테니 우습구나, 우스워"라는 말은 주목을 요한다. 연암이 일찍이 「허생전」에서 말한, '재물은 도를 살찌게 할 수 없다'라는 말을 연상시키기 때문이다.

이 편지의 겉봉에는 "면천으로 가던 중 성 아래에 머물며 안부 편지를 보낸다"라고 적혀 있다.

23 서령 군수께

　　예산(禮山)과 덕산(德山)* 지경에 이르자 사방의 들판이 아득하고 뭇 산이 멀리 아스라하여 비록 서령(瑞寧)*이 어느 쪽에 있는지는 모르겠지만 아무튼 반백 리(里) 안에 있을 테니 저기 구름이 떠 있는 바닷가 물억새 근처에서 만나게 되겠지 하고 생각했더랬습니다. 지나가던 당진(唐津)의 아전이 홀연 그대 편지를 전해 주길래 너무나 기뻐 얼른 열어 봤는데 늦더위에 부모님 뫼시고* 잘 계신다니 몹시 위로되오며 마치 얼굴을 마주 대한 양 싶사외다.

　　저는 더위를 무릅쓰고 역사(歷辭)*하던 중 묵은 병이 갑자기 심해졌으나 눌러 있기가 황송하여 억지로 길에 올랐거늘 학질은 비록 물러갔으나 치질이 한창 심하외다. 게다가 수조(水操)가 임박했으나 그 일에 대해 별

덕산(德山)　　지금의 충남 예산군 덕산면.
서령(瑞寧)　　서산군을 말함.
부모님 뫼시고　　옛날의 효(孝) 관념에 따라, 수신인의 부모가 생존해 계실 경우 편지에서 의례적으로 쓰는 말. 수신인이 부모와 함께 살지 않고 떨어져 살고 있더라도 이 말을 쓴다.
역사(歷辭)　　지방의 수령이 부임하기 전에 서울의 각 관아를 돌며 인사를 하는 일.

로 아는 게 없으니, 흡사 쳇바퀴를 쓰고 회오리바람에 춤추는 격이외다. 수군과 노군(櫓軍: 사공)은 그 정원의 반도 채 못 되고 돛이나 삿대 등의 장비는 오래되어 삭은 데다 선실(船室)에는 바닷물과 뻘이 가득한데, 바람을 잘 살펴 바다로 나와야 하므로 기한에 대기가 어려울 듯하니 이를 장차 어쩌면 좋겠습니까? 임금님의 하해 같은 큰 은총을 입어 창졸간에 부임은 합니다만 제 분수를 헤아려 보니 상평(尙平)*처럼 딸아이는 이미 시집을 보냈고 도연명처럼 집 동산에 소나무와 국화가 심겨져 있거늘 어찌하여 또 이런 노욕을 부린 건지 모르겠사외다.

면천 인근 고을인 서산의 군수에게 보낸 편지다. 신창 벌판을 지나 면천으로 향할 즈음 덕산과 예산이 바라뵌다. 이 편지는 그 도상(途上)에서 써서 보낸 것이리라. 당시 서산 군수는 김희순(金羲淳, 1757~1821)이었다. 안동 김씨로, 자가 태초(太初)이고 호는 산목(山木)이며, 정조 13년(1789)에 문과에 급제한 인물이다.

편지 끝에 보이는 상평이라는 인물은 동한(東漢) 때의 유명한 고사(高士)로 막내딸을 시집보내고 나서는 평소 자신의 뜻대로 명산에 노닐다 여생을 마쳤다

상평(尙平) 동한(東漢)의 인물로, 은거하여 평생 벼슬하지 않았으며, 자식을 모두 혼인시키자 명산에 맘껏 노닐다 죽었다고 함.

는 사람이다. 도연명은 얼마 안 되는 녹봉 때문에 비굴하게 상관에게 굽실거리는 게 싫어 벼슬을 내던지고는 향리로 돌아와 뜰에 국화를 심어 놓고 몸소 농사를 지으며 여생을 보냈다는 인물이다. 이 두 인물을 들먹이면서 내가 왜 이런 노욕을 부린 건지 모르겠다고 한 말은, 연암이 여기서 처음 한 말은 아니다. 연암은 「유배지의 이 감사에게 답한 편지」에서도 거의 같은 말을 한 바 있다. 경상도 영해에 귀양 가 있던 이서구에게 보낸 이 편지는 1795년 가을이나 겨울에 쓴 게 아닐까 추정된다. 그렇다고 한다면 두 편지 사이에 그리 큰 시차가 있지는 않다. 고작 1년 반 정도의 시차가 있다고 할까. 연암의 이 말은 그냥 겉치레로 한 말로 해석될 수도 있다. 하지만 연암이 면천에 부임한 지 얼마 안 있어 감사에게 혐오를 느껴 사직서를 낸 일을 생각한다면 연암이 지방관 벼슬에 그리 연연한 것은 아니라고 봐야 할 것 같다. 그렇다고 한다면 도연명 운운한 이 말은 전적으로 외교적 언사만은 아니며 그 말을 발(發)할 당시 연암의 심경이 일정하게 담겨 있다고 봐야 할 듯하다.

24 | 작은아이에게

네 이름을 마상(馬上)에서 문득 생각해 봤는데 찐덥잖구나, 찐덥잖아. 이는 박유선(朴諭善)의 아들* 이름으로, 그와 나하고는 좋이 지내는 관계이긴 하나 그 생김새가 볼품없어 내가 퍽 싫어하거늘 어째서 이 이름과 똑같은 이름을 하겠니? 이제부턴 종하(宗何)라는 이름을 쓰도록 하는 게 좋겠으며, 자(字)는 '가인'(可人)이라 하고, 네 형의 자는 '의인'(義人)이라고 하는 게 좋겠다.

『오례통고』(五禮通考)*는 반드시 사 놓고 싶지만 지금 힘이 부치니 그 사람이 만약 급하게 돈 쓸 곳이 있다고 하면 6, 7냥을 먼저 주는 게 좋겠다. 그 또한 먼저 이 정도의 돈을 요구하고 있기 때문이다.

신창(新昌) 읍에서 안(安) 사돈을 찾아가 뵈었는데 지극히 법도 있는 선

박유선(朴諭善)의 아들 박종간(朴宗幹)을 말한다. '박유선'은 박성원(朴聖源, 1697~1757)을 가리키는바, 세손강서원(世孫講書院) 유선(諭善)으로 세손(世孫: 훗날의 정조)을 가르쳤다. 본관은 밀양이다.

『오례통고』(五禮通考) 청나라 건륭(乾隆) 때의 진사(進士)인 진혜전(秦蕙田)의 저술로 예(禮)에 관한 책임. 총262권.

비이자 분수를 지키는 노유(老儒)더라. 손주도 아주 닮았는데 몹시 귀엽더구나. 이번 내려오는 길에 병세가 자못 가볍지 않았더랬는데 마침 두 선비가 나를 부호(扶護)하여 와 지금 무사히 고을원에 부임했으니 천신만고를 모두 견딘 셈이다.

너희 형제는 걱정되지 않고 늘 마음에 잊히지 않는 사람은 효수(孝壽)니 우습구나, 우스워. 넌 모름지기 수양을 잘해 마음이 넓고 뜻이 원대한 사람이 되고, 과거 공부나 하는 쩨쩨한 선비가 되지 말았으면 한다.

광엽이한테는 아직도 소식이 없니? 괴이한 일이다, 괴이한 일이야. 만약 내게 온 편지가 있거든 잊어버리지 말고 싸서 보내어 궁금한 마음을 깨트리게 해주는 게 어떻겠니? 연갑(硯匣) 속에 든, 성위가 분지(粉紙)*에다 쓴 초서 글씨를 좀 싸서 보냈으면 한다. 이방익(李邦翼)*의 전(傳)을 짓는 건 시급한 일이니 초정(楚亭)과 영재(泠齋)* 두 벗을 찾아가 급히 써 내야 한다는 뜻을 전하는 게 어떻겠니? 이만 줄인다.

정사년(1797) 7월 보름, 아버지

분지(粉紙) 분주지(粉周紙)라고도 함. 무리풀을 먹이고 다듬어서 빛이 희고 지질(紙質)이 단단한, 전라도에서 생산된 두루마리.
이방익(李邦翼) 1756~?. 조선 후기의 무신. 제주도 사람임. 충장장(忠壯將)으로 있을 때인 1796년 9월 제주 앞바다에서 뱃놀이를 즐기다 풍랑을 만나 표류하여 중국의 팽호도·대만·하문·절강·산동·북경·요양 등을 거쳐 이듬해 윤6월 20일 서울에 도착했으며, 이튿날 정조를 알현했다. 국문으로 「표해가」를 지었다. 「표해가」는 『청춘』 창간호(1914.10)에 소개된 바 있다. 이방익 이름자의 '翊'이 '翼'으로 표기되어 있는 자료도 있음.
영재(泠齋) 유득공(柳得恭, 1748~1807)의 호. 연암의 문생으로, 규장각 검서관을 지냈음.

연암의 차남인 종채에게 보낸 편지다. 겉봉에 "탁연재(濯研齋) 사황(詞幌)"이라고 적혀 있는데 '탁연재'는, 김명호 교수의 교시에 의하면, 계산초당의 사랑채 이름으로 후일 김옥균이 드나들며 박규수의 지도를 받았던 곳이라 한다. '사황'은 글을 짓는 방에 두른 휘장이란 뜻이니, 편지에서 수신인 이름 뒤에 붙이는 말인 '옥안'(玉案)이니 '문궤'(文几)니 하는 말과 상통하는 말이다.

종채의 초명은 종간(宗侃)인데 '종간'이라는 이름이 안 좋은 듯하니 다른 이름으로 바꾸라는 말을 하고 있다. 연암은 내친 김에 '종하'라고 새 이름까지 지어 주었으나 이 이름은 아마 받아들여지지 않은 듯하고, 대신 '종채'라는 이름을 새로 사용하게 된 듯하다.

편지 끝의 "이방익의 전"이란 현재 『연암집』에 전하는 「이방익의 일을 적다」(書李邦翼事)라는 글을 말한다. 이방익은 1784년(정조 8) 무과에 급제하여 수문장·충장장(忠壯將)·전주 중군(全州中軍) 등을 지낸 인물이다. 그는 충장장으로 있을 때인 1796년(정조 20) 9월 제주 앞바다에서 뱃놀이를 즐기다가 풍랑을 만나 표류하여 중국의 팽호도·대만·하문·절강·복건·산동·북경·요양 등을 경유해서 이듬해 윤6월 서울에 도착하였다. 이튿날 정조는 이방익을 궁궐로 불러 지나온 중국의 산천 풍속에 대해 물었으며 이방익은 자세히 말로써 아뢰었다. 공교롭게도 연암이 면천 군수에 임명된 건 바로 이 무렵이었다. 연암이 임금께 하직인사를 하러 대궐에 들어가자 정조는 이방익의 일을 말하면서 "내가 이방익과 나눈 말을 기록한 초고가 그날 입시했던 승지한테 있을 것이다. 그걸 면천에 내려 보내도록 하겠으니 너는 한가할 때 좋은 글을 지어 바치도록 하라"(『나의 아버지 박지원』, 130면)라고 분부하였다. 연암으로서는 큰 숙제를 하나 받아 내려온 셈이다.

　서울도 아닌 면천에서 중국 지리를 자세히 고증하여 글을 쓰기란 퍽 어려운 일이었을 터이다. 참고할 자료도 태부족할 뿐더러 갓 부임해 바쁜 공무의 겨를에 그런 일을 하기란 쉽지 않았을 것이다. 이에 연암은 박제가와 유득공 두 문생에게 자세한 고증을 가해 글의 초고를 잡아 보라고 부탁했던 것 같다. 이런 일에는 걸어 다니는 백과사전이라 할 만큼 박학했던 이덕무가 제일 적임자였지만 애석하게도 이덕무는 4년 전 향년 53세로 이미 이 세상을 하직한 터였다.

25 　중존에게

　가을바람이 불기 시작하는데 잘 지내고 있다니 위로되고 그리운 마음 한량없네. 나는 길에서 심한 무더위를 무릅쓰고 7일을 달렸는데 학질은 물러갔지만 치질이 몹시 심한 데다 졸지에 수조(水操)까지 겹쳐 도무지 정신이 없네. 병선(兵船)과 방선(防船) 두 척은 선실에 바닷물과 뻘이 가득히고 수군과 노군(櫓軍)은 정원에서 태반이 부족하며 게다가 안흥목은 험한 바다인지라 바람을 잘 살펴 배를 부려야 하거늘 기한에 맞춰 몰고 오기가 어려울 듯하여 고민이 많네. 이른바 고을 형편은 도무지 말을 못하겠네. 비록 돈* 걷는 일은 강제로 물리쳤지만 쌀값이 흙처럼 싸서 앞으로 닥칠 일이 기둥에 부딪듯 하니 어찌해야 좋을지.
　이방익의 전(傳)은 밀쳐 두고 있는 것이 아닐세. 비단 공무가 바빠서만이 아니라 이방익이 유람할 때 적어 놓은 그 지나온 길과 고을 이름 등에 대해 허술히 할 수 없어서니, 아무쪼록 영재와 초정 두 벗과 더불어 급

돈　원문은 '料錢'. 백성에게 거두는 고을원의 생활비(=料饌價)를 말함.

히 글을 엮어 보내 주면 어떻겠나?

안동(安洞) 집에서 다른 데로 이사 가는 걱정은 면했는가? 염려가 많이 되네. 이만 줄이네.

정사년(1797) 7월 보름, 아우 지(趾)

보내는 물건
돈 두 냥

추신: 이 승지(李承旨) 경혼(景混)*이 자기가 기록해 둔 것을 안악(安岳) 관아에 내려 보냈는데 장차 찾아와 내 아이에게 보내겠다고 하지만 오래되면 잊고 내버려 두기 쉬우므로 모름지기 아이에게 편지를 쓰게 해서 찾아오도록 하는 게 어떨지? 그 또한 내 아이를 알고 있기 때문일세. 전에 바다에 표류한 자 아무개의 일이 퍽 기이하던데 같이 기록하여 전(傳)을 지으면 좋을 걸세. 내가 이름은 잊었지만 그 사적이 자못 같더군.

이 승지(李承旨) 경혼(景混)   이조원(李肇源, 1758~1832)을 말함. '경혼'은 그 자(字). 호는 옥호(玉壺), 본관은 연안. 판서 이민보(李敏輔)의 아들. 1797년 윤6월 21일 정조가 이방익을 대궐로 불러 이야기할 때 입시하여 그 대화 내용을 기록했던 승지임.

이 편지 겉봉에 "안동"(安洞)이라고 적혀 있는 것으로 보아 당시 이중존은 계산초당에서 나와 다시 소안동의 옛 집에 거처하고 있었던 것 같다.

연암은 초정과 영재에게만이 아니라 중존에게도 이방익에 대한 글의 초고를 부탁하고 있다. 어명에 따라 짓는 글이라 마음의 부담이 퍽 컸으리라.

"전에 바다에 표류한 자 아무개의 일"이란, 선조(宣祖) 때의 무인(武人)인 노인(魯認, 1566~1622)의 일을 말한다. 그는 정유재란 때 남원 전투에서 포로가 되어 일본에 잡혀 갔으나 명나라로 탈출하여 복건성의 고정서원(考亭書院)에서 주자학을 배우다가 3년만인 1599년 압록강을 통해 귀국하였다. 그는 귀국 후 『금계일기』(錦溪日記)라는 책을 써서 자신의 견문을 세상에 알렸다. 한편 영조(英祖) 때에 장한철(張漢喆)이 표류한 일 역시 유명하다. 제주도 사람인 장한철은 1770년(영조 46) 12월 25일 일행 29명과 함께 배를 타고 제주를 떠나 육지로 향하던 중 대풍을 만나 표류하다 유구(=오키나와)의 무인도에 닿았다. 닷새 후, 지나가던 안남(=베트남)의 상선에 구조되었으나 그때 불어 닥친 태풍으로 19명이 죽고 10명만이 겨우 생환하였다. 장한철은 『표해록』이라는 제목의, 한문으로 된 책을 저술해 자신의 체험을 자세히 기술하였다.

이 편지에서 또 하나 주목해야 할 것은, "돈 걷는 일은 강제로 물리쳤"다고 한 대목이다. 부당하게 백성들에게 돈 걷는 일을 없앴다는 말이리라. "쌀값이 흙처럼 싸서" 운운한 것은, 당시 월급을 쌀(이를 '祿米'라고 한다)로 받았던바 서울의 가족에게 생활비를 보낼 때 녹미를 돈으로 바꿔야 했기에 한 말일 터이다.

26 | 중존에게

이는 어명(御命)을 받아 지어 바치는 글인지라 허술하고 평범해서는 안 되며, 고문(古文)도 아니고 금문(今文)*도 아닌 글을 지어야 할 걸세. 문법(文法)*은 의당 『사기』(史記)나 『한서』(漢書)처럼 파란(波瀾)과 생색(生色)이 묘해야 하겠지.

이방익은 이미 제 입으로 다 말했긴 하나 상세하지는 않고, 제 눈으로 다 목도했긴 하나 목도한 게 뭔지 깨닫지 못하고 있는바, 사물의 칭호에 어긋난 게 많고 사실에 대한 서술이 적실하지 못하여, 유람한 산천과 누대(樓臺)며 지나온 주군(州郡)의 이정(里程)에 필시 틀린 것이 많을 듯하니 언문(諺文) 기록*을 모두 따라서는 안 되네. 아무쪼록 『일통지』(一統志)* 및 기타 전기(傳記)에 실린 사실에 의거해 초록(抄錄)하고 서술하여 완연히 눈

금문(今文)　당대에 유행하는 글. '시문'(時文)이라고도 함.
문법(文法)　오늘날의 그래머(grammar)라는 뜻이 아니라 글 쓰는 법, 즉 문장 작법을 말함.
언문(諺文) 기록　이방익이 지은 국문 가사(歌辭)인 「표해가」를 가리키는 듯함.
『일통지』(一統志)　중국 전역의 지리를 기록한 책. 『명(明) 일통지』는 이현(李賢) 등이 칙찬(勅撰)한 책이고, 『청(淸) 일통지』는 건륭 29년(1764) 화곤(和坤) 등이 칙찬한 책임.

으로 본 것처럼 파란과 생색을 일으킨다면 비록 옛사람의 글 가운데서 어떤 구절을 한 번 인용하여 그로써 근거를 삼는다 할지라도 사실에 딱 맞을 뿐 아니라 진부한 것이 신기(神奇)한 것으로 화(化)할 터이니, 요체는 바로 이 속에 있다 하겠네.

바다에 표류할 때 본 이상하고 괴이한 것들, 대만(臺灣)과 천주(泉州)·장주(漳州)* 사이에서 겪은 제반 기기괴괴하고 놀라운 사실들은 꼭 이방익의 입에서 나온 대로 쓸 건 없으며 옛사람이 전기(傳記) 속에 기록해 놓은 일을 적당히 부연하여 스스로 한 편의 기문(奇文)을 만들어도 무방하네.

문체는, 마땅히 「서하객전」(徐霞客傳)*이나 「장백산기」(長白山記)*처럼 하면 어떨지 모르겠네. 제목은 '이방익이 바다에 표류한 일을 적은 글'이라고 하면 어떨까?

『설령』(說鈴)*과 『태평광기』(太平廣記)*는 재선의 집에 있다네. 정운경(鄭運經)*이 쓴 『탐라문견록』(耽羅聞見錄)에는 적당히 추측하여 부연한 곳이

천주(泉州)·장주(漳州)　모두 복건성의 지명임.
「서하객전」(徐霞客傳)　명말 청초의 인물인 전겸익(錢謙益)이 쓴 서하객의 전기. '서하객'은 명나라 서굉조(徐宏祖)를 말함. '하객'은 그 호. 중국 전역을 탐방한 여행가로서 『서하객 유기』(徐霞客遊記) 12권을 남겼음.
「장백산기」(長白山記)　청나라 방상영(方象瑛)이 1677년에 쓴 글인 「봉장백산기」(封長白山記)를 말한다. 방상영은 자가 위인(渭仁)이고, 강희(康熙) 때에 한림원 시강(侍講)을 지냈다. 이 작품은 연암이 편찬한 『삼한총서』(三韓叢書)의 목록에도 그 이름이 보임. 『나의 아버지 박지원』, 269면 참조.
「설령」(說鈴)　청나라 오진방(吳震方)이 편찬한 총서로, 전집과 후집이 각각 6책임. 청초(淸初) 여러 사람이 지은 소설과 필기(筆記) 등 47종을 모은 것임.
「태평광기」(太平廣記)　송나라 때 편찬된 이야기책.
정운경(鄭運經)　미상. 『성호사설』과 이덕무의 글에도 이 사람의 이름이 보임. 『성호사설』에서는 이 사람을 '사문'(斯文)이라 칭하고 있는바 사문은 유생(儒生)을 높여 이르는 말임.

많은 듯싶네.

이방익의 언문 기록은 장차 승정원에서 공문을 보내 전라 감영에서 찾아오겠다* 하고, 남공(南公)* 또한 규장각에서 문서를 발송하겠다고 하며, 예조판서 역시 비변사에서 공문을 보내겠다고 하더군. 하지만 그게 서울로 올라온다 하더라도 언제 이곳에 보내올지는 기약할 수 없는 일이니 아무쪼록 날 위해 제공(諸公)에게 잘 좀 말해서 신속히 보내오도록 하면 좋겠네.

낙서(洛瑞) 영감*에게도 참고할 만한 글이 있던데 미처 가져오지 못했네.

수십 발[丈]이나 되는 장문의 기문(奇文)을 지어 놓으면 『총서』(叢書)* 중에 넣을 만할 테니 묘한 일일세.

대저 우리나라 사신이 비록 매년 중국에 들어가고 북경은 천하의 한 모퉁이 땅이건만 자금성 어디에서 황제의 국을 끓이는지 그런 건 전연 알지 못하고 있고, 문견(聞見)이 진실되지 못해 늘 바보가 꿈 이야기 하는 듯

이방익의 언문 기록~찾아오겠다　정조는 이방익을 인견(引見)한 후 그를 특별히 전주 중군(全州中軍)에 임명했던바 이 때문에 "전라 감영" 운운한 것임.
남공(南公)　남공철(南公轍, 1760~1840)을 가리키는 듯함.
낙서(洛瑞) 영감　이서구(李書九, 1754~1825)를 가리킴. '낙서'는 그 자(字). '영감'은 정3품 통정대부 이상의 당상관을 일컫는 말. 이서구는 젊은 시절 연암의 지도를 받았음.
『총서』(叢書)　연암은 『삼한총서(三韓叢書)』라는 방대한 규모의 총서를 편찬했는데, 현재 그 일부가 전함. 이 총서에 수록된 자료들의 목록이 『나의 아버지 박지원』, 262~269면에 제시되어 있어 참조할 수 있음.

하거늘 하물며 양자강 이남의 일이야 말해 뭣하겠나? 강희(康熙) 때에 세 번(藩)이 반란을 일으켰는데* 전해지는 말에 잘못된 게 많으니, 농암(農巖)*이 지은 「적을 살핀다」(審敵篇)라는 글에서 그 억측을 볼 수 있네. 심지어 노가재(老稼齋)*는 친히 해적(海賊)을 봤다고 기록하고 있기까지 하네. 그 견문의 진실되지 못함이 이런 데서 입증된다네. 그렇건만 우리나라 사대부들은 중화를 높이고 오랑캐를 배척하는 춘추대의에 엄하여 곧잘 중국에 변란이 있다고 생각하는지라 변방의 어리석은 백성이 소동을 일으키기 좋아한다고 여기고 묘족(苗族)과 만족(蠻族)이 교화가 되지 않아 강남 길이 끊어졌으리라고 늘 의심한다네. 지금 이처럼 이방익은 바다에 표류하여 민월(閩越)*을 지나왔건만 만 리 길이 전연 막히지 않았으니 중국이 안정되고 조용하다는 사실을 충분히 증명하여 우리나라 사람들의 뭇 의심을 통쾌하게 깨뜨린바, 그 공적은 그렇고 그런 일개 사신보다 훨씬 낫다 할 것이네. 나의 이 뜻을 글에다 부연해 넣으면 묘하지 않겠나?

세 번(藩)이 반란을 일으켰는데　'삼번(三藩)의 난'을 말함. 일종의 한족(漢族) 지방 군벌인 운남(雲南)의 평서왕(平西王) 오삼계(吳三桂), 광동(廣東)의 평남왕(平南王) 상지신(尙之信), 복건(福建)의 정남왕(靖南王) 경정충(耿精忠) 등 세 번(藩)이 청나라에 대하여 일으킨 반란. 이 반란으로 한때 양자강 이남과 사천·섬서 땅이 이들 수중에 들어갔음. 1673년 오삼계가 처음 반란을 일으켰으나, 1681년에 모두 평정됨.
농암(農巖)　김창협(金昌協, 1651~1708)을 말함. '농암'은 그 호. 숙종조 노론 계열의 대표적 학자의 한 사람이자 손꼽히는 문장가. 본관은 안동.
노가재(老稼齋)　김창업(金昌業, 1658~1721)을 말함. '노가재'는 그 호. 김창협의 동생으로, 연행록인 『노가재연행일기』를 남겼음.
민월(閩越)　'민'은 호남성 일대를, '월'은 절강성 일대를 가리키는바, 양자강 이남의 강남 땅을 지칭함.

「이방익의 일을 적다」에 대한 구상과 포부를 자세히 밝힌 편지다. 연암의 글에 대해 이러쿵저러쿵 말들이 많지만 그는 특히 사마천이 저술한 『사기』의 문법과 필치를 잘 터득한 사람이다. 이 편지에서도 『사기』와 『한서』가 언급되고 있다.

연암의 문장이 고문인가 금문인가에 대해 논란이 있지만, 이 편지에서 연암은 고문도 아니요 금문도 아닌 글을 짓겠다는 포부를 밝히고 있다. 연암 논리학의 기본 특징은 이분법적 대립을 지양함으로써 한층 높은 인식론적 전망과 미학적 기율(紀律)을 담보하는 것인데 그 정화(精華)가 이른바 '법고창신론'이다. 이 편지에서 언명된 "비고비금론"(非古非今論: 古도 아니요 今도 아니라는 주장)은 바로 이 법고창신론과 이음동의어(異音同義語)다.

이 편지의 후반부는 춘추대의의 명분에 사로잡혀 중국의 현실을 제대로 알려고도 읽으려고도 하지 않는 조선 사대부의 맹목과 오활함에 대한 비판이다. 17세기 후반 이래 송시열을 위시한 조선 사대부들, 특히 노론계의 사대부들은 중국에 난이 일어나 청조가 전복될 것을 기대했고 이런 기대는 오삼계(吳三桂) 등에 대한 심정적 성원으로 이어졌다. 하지만 이는 청조의 힘을 현실적으로 냉정하게 읽지 못한, 자의적 판단일 뿐이었다. 농암과 노가재는 노론계 학자 가운데서도 특히 식견이 높아 후배들의 존경을 받았던 사람이다. 연암은 심지어 이런 이들조차 중국에 대한 인식이 오활하고 암매했다는 사실을 적시하고 있다.

이 편지 끝에 "묘족"(苗族) 운운한 말이 보이는데, 강희(康熙) 이래 귀주(貴州)의 묘족은 자주 반란을 일으켰다. 이방익이 중국을 여행하기 얼마 전인 1795년(건륭 60) 윤2월에도 반란을 일으켰다. 한편 묘족의 반란은 아니지만 1796년(가경 1) 1월에 호북(湖北)에서 백련교도가 반란을 일으켰다. 주목되는 것은 연암이 중국의 상황을 나름대로 계속 예의주시하고 있다는 점이다.

27 　큰아이에게

　　보름날 새벽에 하인 둘을 보내서, 부임하여 평안하다는 뜻을 알렸다. 뜻하지도 않게 경저리 편으로 13일에 보낸 편지를 받아 읽은바 온 집안이 다 평안하다는 편지더구나. 안의와 비교한다면 아침에 출발해 저녁에 도착할 뿐만이 아니니 기쁘고 위로되는 나머지 가슴이 시원해지는 느낌이다. 며칠 밤 이래 달빛이 낮과 같아 두 선비와 대청에 오연히 앉아 시를 읊조리고 밤이 이슥하도록 농담을 했는데, 객지의 회포가 조금 풀리더구나.
　　빌려야 할, 융복(戎服)에 딸린 여러 물건들은 쭉 적어 전편(前便)에 보냈으니 모름지기 잘 챙기는 게 어떻겠니? 도서석(圖署石)*은, 비록 매끄러운 돌이라도 괜찮으니 약국에 물어봐 한 덩어리를 보내 줄 수 있겠니? 설탕은 남겨 두어 아이에게 주지 그랬니? 모두 도로 보낸다.
　　재차 보내온 조보(朝報)*는 초(抄)한 것을 또 초해 모양을 갖추지 못한

도서석(圖署石)　　인장(印章)을 만드는 데 쓰는 중국산 돌. 옥 비슷한 것, 마노 비슷한 것, 수정 비슷한 것 등 종류가 썩 다양함.
조보(朝報)　　승정원에서 처리한 사항을 매일 아침에 기록하여 반포하는 관보(官報).

데다 또한 문리가 통하지 않으니 모름지기 저리(邸吏)를 불러다 따끔하게 꾸짖고 다시는 써 보내지 말라고 엄하게 주의를 주는 게 좋겠다. 영남 및 여러 도(道)의 폄목(貶目)*은 적어 보내지 않은바, 정목(政目)*을 봐도 두서(頭緖)를 알 수 없으니 탄식할 만하다, 탄식할 만해.

종이 사정이 몹시 안 좋으니 갖고 있는 종이 두루마리와 편지지를 찾아서 보내 주면 어떻겠니? 네 동생은 『오례통고』를 사고자 하는데 그 뜻은 가상하다마는 책값이 지금으로서는 나올 데가 없으니 동생으로 하여금 중락(曾樂)*과 의논하게 해 먼저 반값을 주는 게 좋겠다.

남초(南草) 한 근은 관에서 정한 값이 4전인데 맛이 별로다. 행랑아범이 파는 남초는 어디서 사온 것이며, 값은 얼마냐? 대손(大孫)*으로 하여금 대여섯 근을 사 오게 하여 좀 보내 주면 어떻겠니? 자세한 말은 지난 편지에서 다 했으니 이만 줄인다.

정사년(1797) 7월 16일, 중부

추신: 저리(邸吏)가 쓴 돈이 얼마더냐? 그 건기(件記)*를 찾아봐 자세히 적어 보내

폄목(貶目) 관찰사가 해마다 두 차례씩 수령의 근무 성적을 상·중·하로 매겨서 중앙에 보고할 때 하등으로 보고하는 이들의 명단. 이런 사람은 벼슬에서 쫓겨남.
정목(政目) 관원의 임명, 해임, 그 밖의 중요한 사실을 기록한 문서.
증락(曾樂) 누군지 미상. 뒤의 편지에 한증락(韓曾樂)이라는 인명이 보이는데 동일인 같음.
대손(大孫) 하인이나 청지기가 아닐까 함.
건기(件記) 물품의 이름 혹은 금액을 쭉 적어 놓은 문서.

는 게 좋겠다.

깁으로 만든 풍차(風遮)* 잊지 말고 보내라. 믿을 만한 인편(人便)이 쉽지 않으니 모휘양*—초피로 만든 것—도 함께 보내는 게 좋겠다.

면천의 생활이 조금 안정되어 가는 듯하다. 이제 경저리를 단속하려는 태도가 엿보인다.

『오례통고』 구입 건으로 계속 말이 오가는 것을 볼 수 있다. 아마 열두어 냥쯤 하는 책이었던 보양인데, 책값이 당장 나올 데가 없다고 한 것을 보면 연암 가(家)의 생활 형편을 미루어 짐작할 수 있다.

설탕 보내온 것을 아이에게 주라고 굳이 도로 돌려보내는 게 퍽 인상적이다. 당시는 지금과 달리 설탕이 아주 귀한 물건이었다.

연암은 담배를 좋아했던 모양이다. 면천 담배가 영 맛이 없다면서 행랑아범이 파는 담배를 좀 구해서 보내라는 말을 끝에 덧붙이고 있다.

풍차(風遮)   겨울에 추위를 막기 위하여 머리에 쓰는, 두건의 하나.
모휘양   모피로 만든 휘양. 휘양은, 머리에 쓰는 방한구의 하나로 목덜미와 뺨까지 싸게 되어 있음.

28 │ 큰아이에게

　작년 가을 나의 화포(花布)* 두루마기를 유혜보(柳惠甫: 유득공)에게 빌려 줬는데 이번 수조(水操) 때 철릭* 아래에 입어야겠으니 즉시 찾아 보내 줬으면 한다.

　누님*에게 돈 두 냥을 찾아 보내는데 언서(諺書)를 쓸 줄 모르니 네 누이동생*에게 쓰게 해서 보내는 게 좋겠다. 광엽의 처에게는 모름지기 쌀 한 말로 존문(存問)했으면 한다. 혹 개성의 인편에 편지가 오면 이번에는 잊지 말고 내게 보내렴. 제사는 몇 차례나 지냈느냐?

　날씨가 아직 더워 구들막이 찌는 듯하니 애기 키우기가 퍽 힘들겠구

화포(花布)　반물빛(검은 빛을 띤 남빛) 바탕에 흰 꽃무늬를 박은 무명.
철릭　옛 무관의 공복(公服)의 하나. 고을원도 군사 훈련을 할 때는 군복을 입게 되어 있음.
누님　연암은 4남매 중 막내로, 누님이 두 분 계셨다. 큰누님은 덕수 이씨 택모(宅模 후에 顯模로 개명)에게 시집가 1771년 향년 43세로 세상을 버렸고, 작은누님은 달성 서씨 중수(重修)에게 시집갔다. 여기서는 작은누님을 가리킨다.
네 누이동생　연암은 2남 2녀를 두었다. 맏이는 전주 이씨 종목(種穆)에게 시집간 딸이고, 둘째가 종의이며, 셋째가 연안 이씨 겸수(謙秀)에게 시집간 딸이고, 막내가 종채다. 여기서 말한 '네 누이동생'은 겸수에게 시집간 동생을 가리킨다.

나? 더군다나 방에 있는 것이 전부 애기가 입에 넣을 물건임에랴. 반드시 경교(京橋)*의 어린 여종을 빌려다가 정성껏 외랑(外廊)에서 돌보게 하고 안방에는 들이지 않는 게 어떻겠느냐? 귀봉(貴奉)*이는 술주정이 있는데 지금은 심하지 않니? 그는 술만 마시면 엉망이니 아이를 안지 못하게 해라. 웃는다, 웃어.

　무더위를 무릅쓰고 내려왔더니 노독(路毒)은 아직도 안 풀렸지만 몇 년째 그렇던 소갈증은 많이 감소했으니 참 다행이다. 수조를 위해 수영(水營)*에 가는 게 내달 2, 3일 사이니, 공주에 연명(延命)* 가는 건 20일 지나 바로 출발할까 한다.

　유숙(幼肅)*은 근간 혹 왕래가 있느냐? 과거 볼 때 그 종이 값을 좀 도와주는 게 어떻겠니? 이 승지 경혼에게 네가 글을 써서 편지를 보냈으면 하는 뜻을 중존에게 보낸 편지에서 이미 언급했으니 모름지기 즉각 상의하여 처리하는 게 좋겠다.

경교(京橋)　　충정로 1가와 의주로 1가 사이 현 적십자병원 앞에 있던 다리로, 경기감영 창고의 앞쪽에 있었으므로 '경곳다리' 또는 '경고교'(京庫橋), '경구교'(京口橋), '경교' 등으로 불렸다. 여기서는 아마 이 다리 부근에 있던 누군가의 집을 가리키는 말이 아닌가 함.
귀봉(貴奉)　　하인이나 청지기가 아닐까 함.
수영(水營)　　보령현 서쪽 20리 지점에 있었음.
연명(延命)　　새로 부임한 고을원이 감사를 처음으로 찾아가 뵙는 일. 당시 충청감영은 공주에 있었음.
유숙(幼肅)　　연암의 맏사위 이종목(1761~1833)을 말함. '유숙'은 그 자. 훗날 문과에 급제하여 승지를 지냈음. '幼肅'의 '幼'가 '維'로 기재되어 있는 자료도 있음.

문생인 유득공과 옷을 서로 돌려 입고 한다는 게 재미있다. 연암이 한글을 몰랐다는 건 익히 알려져 있는 사실인데, 이 편지로 그 점이 재확인된다. 광엽이는 정확히 무슨 일 때문인지는 모르겠으나 계속 연암협에 드나드는 눈치다.

맏손자 효수에 대한 연암의 사랑은 각별한바, 아이를 잘 보는 어느 집 여종을 데려와 효수를 돌보게 하라는 둥 술주정이 있는 아무개에게는 아이를 안지 못하게 하라는 둥, 세심하게 지시를 하고 있다. 한편 이 편지로 연암이 몇 년 전부터 소갈증, 즉 당뇨병을 앓고 있었다는 사실을 알 수 있다.

이 편지는 그 겉봉에 "또 쓰다"라고 적혀 있다.

29 | 큰아이에게

윤암(綸菴)*과 광엽이 어제 낮에 들어갔으리라 생각되는데 이곳 소식을 자세히 전해 줬을 테니 궁금한 마음이 한번 풀렸으리라 여긴다. 그간 시원한 기운이 날로 깊어지는데 집안은 다 별일 없으며, 애기는 설사하던 것 나았니? 늘 잊지 못한다. 나는 밥 잘 먹고 잠 잘 자며, 가을을 맞아 몸이 꽤 회복되고 있는데, 다만 귀테로운 증세가 날로 더욱 심해지니 어찌해야 좋을지 모르겠다.

감사*가 도내(道內)를 순시하다 대흥(大興)*에 숙박할 예정이어서 거기에 물자를 조달해 줘야 할 참인데, 조반(朝飯) 등 접대하는 데 신경이 많이 쓰인다. 만일 말미를 얻을 수 있으면 보름 전에 도성(都城: 서울)에 들어가기를 기대하나 어찌 꼭 그렇게 되기를 바랄 수 있겠니? 성위를 권해 배천

윤암(綸菴)   이희경(字 聖緯)의 호.
감사   당시 충청 감사는 한용화(韓用和)였다.
대흥(大興)   대흥현을 말한다. 지금의 충남 예산군 대흥면에 해당한다.

[白川]*에 가 보라고 했는데 초이레에 엽이랑 함께 출발할 수 있을지 모르겠다. 백선의 이종동생 임애(林哀)*도 같이 간다지? 광주(廣州)의 전장(田庄) 또한 추수 감독할 사람이 없으니 몹시 탄식한다.

과거 볼 날짜가 점점 다가오는데 모름지기 과장(科場)을 사고 없이 잘 출입했으면 한다. 몹시 바빠 이만 줄인다.

정사년(1797) 8월 초닷새 낮, 중부

"권태로운 증세"란, 고을 수령의 잡무에 시달리다 보니 생활이 무미긴조해져 마음이 황폐해지고 가슴이 답답해지는 증상을 이르는 게 아닐까 싶다. 연암은 안의에 있을 때 이런 경우 그림이나 글씨를 감상하며 마음을 풀곤 하였다.

이희경과 광엽이 면천을 다녀갔던 모양이다. 연암은 이희경에게 배천의 가을걷이를 좀 감독해 달라는 부탁을 했던 것 같다. 집안의 추수며 아들의 과거 등에 대해 세세히 마음을 쓰고 있다.

배천[白川]   연암 가(家)의 전장(田庄)이 이곳에 있었음.
임애(林哀)   '임'(林)씨 성을 가진 사람인데, 누군지는 미상. '애'(哀)는 상중(喪中)에 있는 사람을 가리키는 말.

30 　큰아이에게

　　편지를 받아 본 날짜가 조금 오래되어 그립고 궁금한 마음 몹시 깊다. 하늘은 높고 해는 맑으며 서리 기운이 점점 다가오는데 집안은 다 별고 없느냐? 과거 볼 날이 가까우니 정신을 모을 일이며, 맹랑한 짓은 않겠지? 시험에 붙고 안 붙고는 관계없는 일이며, 다만 과장에 출입할 때 조심해 다치지 않도록 해야 할 게다. 나는 먹고 사는 게 못하지 않다.
　　휴가 허락이 떨어지면 곧장 광주(廣州)의 선영*에 가 성묘하려고 제수(祭需)를 모두 마련해 놓았고 또 늑현(勒峴)*에 있는 계부(季父)와 종형(從兄)의 두 산소에도 들러 소분(掃墳)하고자 해 제물(祭物)을 모두 다 싸 놓았건

광주(廣州)의 선영　　당시 연암의 조부인 박필균(朴弼均)의 묘가 광주의 근현(勤峴)에 있었다. 이 묘는 훗날 양주로 이장되었다. 박필균은 경기도 관찰사·대사간·지돈령부사를 지냈으며, 청렴하고 강직한 사람이었다. 박필균에게는 사유(師愈)·사헌(師憲)·사근(師近) 세 아들이 있었는데, 사유가 곧 연암의 아버지다. 연암의 계부(季父)인 사근은 박필주의 양자로 들어갔다.
늑현(勒峴)　　지금의 광주시(廣州市) 초월면(草月面) 늑현리(勒峴里)를 가리킨다. 이곳 산기슭에 연암의 재종조인 박필주의 양자 사근(師近) 및 그의 아들 진원(進源)의 묘가 있었다. 뒤에서 말한 '계부'와 '종형'은 사근과 진원을 가리킨다. 진원의 동생이 곧 선산 부사를 지낸 수원(綏源)인바, 연암은 52세 때인 1788년 무렵 종제(從弟)인 수원의 계산동 집을 빌려 산 적이 있다.

만, 가을철 공무가 한창 벌여져 있고 조정의 훈령 역시 지극히 엄하다는 이유로 홀연 휴가 청원서가 반려되어 왔구나. 그래서 쭈그리고 앉아서는 계획이 수포로 돌아간 데 대해 낙담하고 있지만, 어쩌겠니, 어쩌겠어! 이제 불가불 내년 봄을 기약할 수밖에 없다.

영재와 초정에게 부탁한 일은 어찌 되고 있느냐? 모름지기 즉시 찾아 부치게 하고 이번에도 혹 끝내지 못했거든 내가 이처럼 몹시 걱정하고 있다는 뜻을 전해 속히 이루도록 만드는 게 좋겠다. 성위는 어느 날 출발하며 임애는 같이 간다더냐? 성위는 어느 길로 가려고 하더냐? 자세히 적어 말해 주지 않겠니?

요마적에 안(安) 사돈 모습을 보니 극히 점잖고 조용한 선비로, 분수를 지켜 안빈(安貧)하는 늙은 유사(儒士)더라. 애석하게도 그 둘째딸이 열다섯 시집갈 나이에 그만 모친상을 당해 지금 비록 달상은 했으나 때가 지나 마땅한 혼처가 없는 바람에 큰 골칫거리라는구나. 모름지기 네 친구 중에 널리 물어봐 신랑감을 두루 찾아보는 게 어떻겠니?

광주의 전장(田庄)은 갑돌*이라는 자가 가 보았다던? 배천의 전장은 따라간 사람이 누구라더냐? 『오례통고』는 나한테는 그리 요긴하지 않다마는 뇌아(賴兒)가 사려고 그러니 그 뜻이 가상하다. 그러니 지금 그 반값을 먼저 보내 주어 그 첫 책함(册函)*을 보내오게 해 살펴보는 게 어떻겠느

갑돌　하인인 듯한데 미상.
책함(册函)　책을 넣을 수 있도록 네모나게 만든 상자를 말함. 중국에서 간행된 서적은, 그 권수가 많을 경우 하나 혹은 몇 개의 함(函)에 넣어져 있었음.

냐?

　　김거창*―거창까지는 530리라고 한다―이 어제 아전 한 사람을 이리로 보냈는데 이곳에 있는 자기 전장(田庄)의 추수를 감독하게 하려고 해서다. 세상 사람들이 자기 일을 긴히 여김이 이와 같다. 접때 광엽이 귀경할 때 아전 하나를 붙여 보내지 않은 게 한스럽다. 뒤늦게라도 아전 하나를 성위와 임애에게 보내 배천 전장에 이미 들어갔는가의 여부와 관계없이 이놈*을 입회시켜 광엽을 찾아가 그 거취를 정하도록 하면 어떻겠니?

정사년(1797) 추석, 중부

아들 과거 볼 일에 대해 몹시 신경을 쓰고 있다. 당시 과장(科場)의 질서가 극도로 문란하여 떠밀려 넘어져 사람들의 발에 밟혀 죽거나 다치는 자가 속출하였다. 특히 과장에 들어갈 때나 답안지를 제출할 때 사람들이 우르르 한꺼번에 몰리는 바람에 불상사가 일어나는 경우가 많았다. 그래서 연암은 아들에게 "시험에 붙고 안 붙고는 관계없는 일이며, 다만 과장에 출입할 때 조심해 다치지 않도록 해야 할 게다"라고 특별히 주의를 준 것이다.

김거창　김씨 성의 거창 군수를 가리킴. 누군지는 미상.
이놈　아전을 말함.

연암의 조부 박필균은 박필주와 아주 가깝게 지냈으며, 자신의 막내아들을 그 양자로 들여보냈다. 연암은 저명한 성리학자였던 박필주를 집안을 빛낸 어른으로서 몹시 추앙하였다.

이방익에 대한 글 건으로 연암이 점점 더 초조해 하고 있음을 볼 수 있다. 영재와 초정에게 빨리 초고를 보내게 할 것을 닦달하고 있다.

한편, 『오례통고』의 책값을 반만 보내 주고 그 첫 책함을 보내오게 해 책의 상태를 먼저 확인해 보라는 연암의 말에서 그의 주도면밀한 성격을 엿볼 수 있다. 문집에 수록되어 있는 연암의 산문들은 잘 빚은 항아리처럼 주도면밀하여 물샐틈 하나 없이 삼엄한데, 그가 보여준 글쓰기의 이런 특징은 그의 성격과도 관련이 있는 게 아닌가 하는 생각이 든다. 글은 곧 사람이기 때문이다.

연암은 거창 군수가 아전을 보내 면천에 있는 전장의 추수를 감독케 하는 것을 보고는 자기도 배천에 아전을 하나 보내려는 생각을 하고 있다. 아마도 이는 당시의 관행이었던 듯하다. 하지만 이는 '이공위사'(以公爲私), 즉 공(公)으로써 사(私)를 삼는 행위인바, 결코 떳떳한 일은 아니다. 편지의 묘미는 바로 이런 걸 읽는 데 있다. 즉 자기검열 없이 개진된 그 사람의 속내와 성정(性情)을 들여다보는 데 있는 것이다. 무릇 남을 의식해 쓴 글이란 게 많든 적든 간에 슈퍼에고(superego)의 작용에서 벗어날 수 없는 법이고, 때문에 분식(粉飾)과 수사(修辭)와 허위와 자기억압 같은 게 있게 마련이지만, 후딱 써서 아들에게 보낸 것과 같은 이런 간찰에서는 그와 달리 꾸밈없는 마음 내지 성정이 좀더 드러나지 않나 싶다.

31 　큰아이에게

　　연로(沿路)에 강도가 몰래 나타남은 자주 있는 일이며 백주에 도적질을 하더라도 뭐라 하는 사람이 없다. 비록 진영(鎭營)*에서 사람을 보내더라도 군교(軍校) 하나 군졸 하나에 불과할 뿐이니 네댓 사람이 떼를 지어 가는 것을 볼지라도 감히 잡아 힐문하지 못하고 일부러 모른 척하며, 한갓 마을에서 도식(討食)만 일삼을 따름이다. 비록 대신(大臣)이 건의문을 올리고 포도청에서 엄한 공문을 발송해도 그저 헛된 글일 뿐이니 어쩌겠니? 너는 과거 봐야 할 사람이니 올 수 없을 테지만 네 동생이 혹 경거망동하려 한다면 절대 그런 마음 먹지 못하게 하는 게 어떻겠느냐?
　　이번 달 스무날에서 그믐 사이에 면례(緬禮)* 일로 휴가를 신청하려 하는데 어찌 될지 모르겠다.

진영(鎭營)　조선시대 지방의 군사 요충지에 설치한 군영(軍營).
면례(緬禮)　무덤을 옮겨 장사를 다시 지내는 일.

당시 면천에 도적이 자주 출몰했던 모양이다. 연암은 자식의 안위를 걱정해, 차남 종채가 혹 내려오려고 하거든 그러지 못하게 말리라고 큰아들에게 당부하고 있다.

32 | 큰아이에게

건넌방 모퉁이에 석(席)과 대(大) 두 하인과 담을 쌓되 허리춤 이상은 흙벽돌로 영롱장(玲瓏墻)*을 만들고 그 위에다 기와를 얹도록 하는 게 좋겠다. 서쪽으로 난 부엌문은 자물쇠를 채울 수 있도록 하면 썩 좋겠고, 만일 아직 담을 쌓지 않았다면 울짱을 만드는 것도 괜찮겠다.

안뒷간은 뒤뜰로 옮기고, 또한 그 곁에 구덩이를 파라.

바깥문과 중문(中門)*에는 문짝을 달도록 해라.

장을 담그는 일은 너의 누나 및 작은며느리*와 상의하되 만약 [세 글자 빠졌음] 하다면 빚을 내어 담더라도 무방하다.

영롱장(玲瓏墻) 꽃무늬담, 즉 꽃무늬를 새긴 담.
중문(中門) 중대문(中大門)이라고도 함. 대문 안에 있는 문.
작은며느리 박종채의 처 전주 유씨를 말함. 유영(柳詠)의 딸임.

당시 서울 집을 중개축(增改築)했던 모양인데, 무엇은 어떻게 하고 무엇은 어떻게 하는 게 좋겠다고 자세히 말하고 있다.

    연암은 집안의 장 담그는 일에 대해서까지 신경을 쓰고 있다. 51세라는 이른 나이에 상처(喪妻)한 연암이고 보니, 집안의 대소사에 있어 아내 몫까지 하지 않을 수 없어서였을 것이다.

33 큰아이에게

    사람과 말이 23일 낮때에 돌아와, 편지 받아 보고 잘 지냄을 알았다. 하지만 효수가 한 달 동안 설사를 하고 감기 중 몸에 반흔이 점차 생긴다니 염려를 늦출 수가 없구나. 다행히 조금 낫더라도 모름지기 잘 돌보는 게 어떻겠느냐?

    『오례통고』의 첫 책함(冊函)은 대략 점검해 보니 정말 좋은 책이너구나. 뇌아(賴兒)가 이 책을 얻자 춤을 출 듯이 기뻐했다고 하나 책을 싸 놓고서 펼쳐 보지 않는 건 어째서냐? 비록 한 번 섭렵하더라도 자세히 궁구하지 않는다면 수박 겉핥기나 후추 통째로 삼키기와 뭐가 다르겠니? 유생(柳生)*의 무리에게 자랑할 건 없으니 유(柳)는 깊은 이치를 알려고 하는 사람이 아니요 진중한 기상이 적으니 단지 책을 빌어 박식함을 자랑하길 좋아할 뿐이다. 모름지기 한증락(韓曾樂)*의 무리와 참구(參究)해 가며 읽

유생(柳生)   유재연(柳在淵)을 가리키지 않나 생각된다. 본서 46면의 주를 볼 것.
한증락(韓曾樂)   누군지 미상. 앞의 편지에 나온 '증락'(曾樂)과 동일인으로 보임.

고, 글 뜻이 잘 통하지 않는 곳은 네 외삼촌께 여쭤봐 실효를 다하도록 함이 옳다.

방목(榜目)*을 베껴 보낸다는 건 어찌 됐느냐? 하인 석(席)이는 과연 아전 유(兪)와 함께 떠났느냐? 놋쇠로 만든 초통[燭筒] 한 개를 사서 보내주는 게 어떻겠니? 값은 불과 1전이다.

상납리*가 24일 떠나므로 추가로 편지 쓴다. 저리(邸吏)가 올린 물목(物目)*을 보니 첨정댁(僉正宅)에 드릴 제수용(祭需用) 돈 열 냥이라는 조목이 있던데 무슨 제수인지 모르겠다. 몰염치함이 극에 달했거늘 주지 않는 게 옳다.

「이방익전」은 이번 인편에 고대했는데 또 오지 않으니 탄식할 만하다, 탄식할 만해. 혜보(惠甫)는 전연 돌아보지도 않고 초정이 혼자 감당하고 있느냐? 내게 좀 자세히 말해 줬으면 한다.

방목(榜目)   과거에 급제한 사람의 성명을 적은 명단. 사마시(司馬試)의 경우 사마방목, 문과(文科)의 경우 문과방목이라고 함.
상납리   조세 바치는 일을 맡은 아전.
물목(物目)   물품 목록.

이 편지는 그 겉봉에 "23일 밤에 추가로 쓴다"라고 적혀 있다.

마침내 『오례통고』를 산 모양인데, 종채가 책을 사 놓기만 하고 읽지 않는 데 대해 나무라고 있다. "수박 겉핥기" "후추 통째로 삼키기"라는 말은 『연암집』에 수록된 「영처고서」(嬰處稿序)라는 글에도 보인다. 「영처고서」는 이덕무의 문고(文稿) 서문으로 써 준 글이다.

유생(柳生)에 대해 평한 말을 보면, 연암은 피상적으로 지식을 추구하거나 기상이 진중하지 못하거나 책 많이 읽은 걸 자랑하며 박식을 뽐내는 인간 타입은 썩 좋아하지 않았던 것 같다.

"아전 유(兪)" 운운한 말을 보면, 기어코 배천 전장에 면천의 아전 한 사람을 파견한 모양이다.

아전들이 첨정대의 제수용 돈으로 할당해 놓은 열 냥은, 추측하건대 면천 고을 일을 잘 봐 달라는 뜻으로 주려고 한 일종의 뇌물이 아닐까 싶다. 연암은 몹시 몰염치한 일이라며 안 주는 게 옳다고 말하고 있는데, 연암다운 강직한 면모를 읽을 수 있다.

그리도 기다리던 이방익에 대한 글 초고가 이번 인편엔 오리라 기대했던 듯한데 이번에도 또 오지 않자 연암은 급기야 장탄식을 하고 있다. 새로 소개되는 연암의 간찰 자료는 아쉽게도 이 장탄식에서 끝난다.

일러두기

1. 표점(標點)을 붙였다. 인명이나 지명 등의 고유명사에는 밑줄을 쳤으며, 서명(書名)은 『 』, 작품명은 「 」로 표시하였다.
2. 추신(追伸)은 본문보다 한 포인트 작은 글씨로 하였다.
3. 겉봉이 있는 경우 제시하였다.
4. 편지에 일련번호를 부여하였다.
5. 편지의 행간에 연암이 추가로 써 넣은 말들 가운데 본문에 그대로 넣어서는 문리(文理)가 통하지 않는 게 두어 개 있었는데(이는 대체로 細注의 성격을 갖는 말들임), 이것들은 본문보다 작은 글씨로 표기하였다.
6. 단락 구분은 원문을 따랐다.

1

```
          安洞 靜座下
（印）                              省式謹封
          安衙候書
```

　　歲龥已近一月, 而尙未獲隻字安信, 紆鬱可勝? 卽惟春峭, 起居神相萬重, 遠地慰溯, 實倍嘗品. 昨接兒書, 新郞佳極云, 尤深欣賀. 弟年屆耳順而欲塞, 添齒而還落, 勢也奈何? 連以膈氣不寧, 又於入睡時, 常患跳動, 旋覺, 若非風痰, 則必是怔忡, 此乃數年以來別症也. 統制使出韻要此賦送, 又書促「崇武堂記」, 此乃閑山島 忠烈祠別閣也. 統相入春似遞歸, 故未前刻揭云, 要之甚懇, 緣此索莫, 未能搆思, 幸於速便, 搆出如何? 須有先作然後, 乃能導意故耳. 餘不宣.

　　丙辰元月廿七日, 弟趾源頓

2　寄家兒平書
　　　　　　　　　　　　　（手決）封

　　官隸, 今月初五午間, 始歸. 見書, 知大都無恙, 欣慰極何? 居昌兄弟, 持壺酒箱餅, 經宿而還, 不得不設饌以待. 昨年此日來故, 記之也, 知汝輩不來, 來慰孤寂耳. 遙想汝輩, 悵懷而已. 新婦所送袍襪, 卽地開着於光風樓上, 誇示諸人, 頗自愛翫, 從當答書耳. 壽洞 徐妻所患, 爲慮不淺. 大抵嶺外, 自前冬, 多有此病, 必四三朔出入死生, 或一月二三次濱危, 醫莫得以執症. 通引應孫輩, 自昨臘至今, 扶杖而行, 大抵勿用藥爲上藥耳. 此意傳之如何? 今朔乃分娩之月也, 夙宵企待, 但臨朔看護無人, 是爲悶事. 安洞進士宅, 來留如何? 昨年邸人還時, 作書僉閣, 爲問其病, 且送藥料及他物種矣, 尙不見答, 汝書亦不提及, 可怪可怪. 尹咸陽家, 亦有書, 而俄見其書, 似未見我書矣, 極可痛歎. 急急推尋於邸吏, 以爲卽傳之地如何?

　　丙辰二月望日, 仲爺

3

　　石痴兩帖及畫軸依到．頃來羅聘竹簇，奇筆也．盡日河聲如吼，身搖搖如坐舟中，盖靜極寂極，故河聲然也．閉戶屏息，非得此卷，時時展玩，何以慰懷？盖日十數舒卷，大有益於作文蹊逕耳．

　　以華陽先墓用祝事，大致疑謗，可笑．戶長尙未及一次行祀，將何處用祝耶？兩書謄送，與汝舅同觀評還，爲妙．

　　懋官行狀，尙未及屬筆，觀其雜錄，皆懋官之粗魄疎節，碌碌尋常，不足爲珍．大體不諱其爲一名，然後文始得門路耳．此書，示之楚亭諸人如何？

　　非同推之行，則巡倉分糶之役，雖曰閒邑，簿書期會，朱墨無暇，列邑大同，固無漫劇之異．執筆展紙，方將有好意思，未及下得一字，窓外刑房跪讀，爲白乎旀、這這刺刺等聲讀，頑童濃墨蘸筆，斜執紙角，而忙署數十墨猪．退思俄刻胸中未字之一篇好文，可惜，已提在萬丈智異山外，奈何奈何？

　　在先家所有東來今人詩筆數帖，如得借觀，當寬此數日躁症，而其人也，罔狀無道，安能以至寶蹔時出手乎？第須借之！

吏人數十輩，終日趨走於前，而吾目中，寂寂無一人，鈴下聲喏頗喧，吾耳中，只有禽鳥水竹之鳴，此吾之大病也，老去益甚，孰能已之？咸陽僧敬菴大士，醫術精微云，欲邀來，仲存前與之相親，或有酬酌否？亦其師承知之否？

4 　　　寄兒輩平書
　　　（印）

作『我東紀年』二卷, 實多疎略, 可歎. 雖然, 亦好攷閱, 須給賴兒, 時時詳覽, 可也. 年少聰明時, 不可不觀也. 『朴氏家訓』一卷, 上去否? 先諱, 以靑紙傅之如何? 此册, 切勿借他如何? 易致闊失故也. 『小學紺珠』, 艱辛謄出, 公然失之, 豈不可惜之甚者乎? 汝之於書册, 無誠如此, 常爲慨然者也. 吾則朱墨之暇, 猶能及於閒事, 時時著書, 或臨帖試筆, 汝輩終歲, 所業何事? 吾四年間, 熟看『綱目』, 周復再三, 而年老掩卷輒忘, 不得不作一小册抄錄, 而不緊甚矣. 雖然, 伎癢所使, 不能自已也. 每思汝輩仳仳度日, 悠泛送年, 豈不可惜之甚者乎? 盛年若此, 到老, 將如何區處? 好笑好笑. 椒醬一小缸覓送, 置之斜廊, 每飯喫之, 可也. 此吾手所自沈, 而未及爛熟耳.

脯參貼

柿餠貳貼

肉熬一箱

椒醬一缸

5

|　　　　　寄家兒輩　　　　　　|
|（印）　　　　　　　　　　　　|
|　　　　　衙中平書　　　　　　|

　　初三, 官隷之還, 持慶報而來, 呱呱喤喤, 厥聲滿紙, 人間樂事, 無踰於此, 六旬老翁, 從今含飴弄璋而已, 他何求焉? 又復得初二所出書, 産婦諸症, 尚爾苦劇云, 悶慮悶慮. 産後腹痛, 必須煎服生薑樹, 再服卽止. 此乃汝生所試者, 老醫蔡應祐所命, 用有神效, 故及之耳. 吾姑依宿狀巡行, 初六, 遊愁送臺, 夕入縣衙, 朝遊竹里館, 會者, 居昌、丹城、達判, 遊事頗爛熳, 大驪娛而去耳. 新舘窈窕幽靜, 大勝於花竹諸堂, 恨不令汝曹讀書其中也. 今日, 乃吾孫三七也. 官屬二百餘人, 朝饋羹飯, 歡賀紛紛, 始乃仰揣, 庚戌聖人篤生之初, 山飯海羹, 鰲抃雀躍, 鼓舞億兆之聖心也. 萬萬不一.

　　丙辰三月初十日, 仲父

6

```
    小安洞 靜案下
                        （手決）謹封
    安衛平書
```

　　便中獲承惠書,謹審起居佳勝,慰荷萬萬. 自昨年七月十四日始晴,直至去臘廿八日大旱,忽自廿九日始雨,直至今成霖,前所未見. 春後大寒,嶺外花竹,盡爲凍損,即今時已暮春,而草樹未着一萼,甚可怪也. 秋车已無論,至於春耕,雨水頻仍,初旣未能於冷節前播種,而先種者,腐濃不出,吾亦奈何?紙事,高賢之所目擊,而忽發無情之語,何哉?今方鳩得佳紙,當搗練,付之後便耳. 呂州往返,已有定期否?春水漲綠,亦可勝遊,好羨好羨. 餘姑不備.

　　丙辰暮春初十,趾弟頓

　　崇武堂事蹟,前已送去,未知覽否. 別無他事,但以崇武之意搆成,似好已.

　　　　柿餅一貼
　　　　脯一貼
　　　　料錢貳兩

大棗, 昨年大失稔, 無可奈何.

7

　　汝之初書,則曰:'兒生,眉目明秀',再書云:'漸就充實,其作人,頗不艸艸',侃也書,以爲'骨相非凡',大抵額角,豊聳陵楞,頂盖平圓,何不一一錄示耶? 可鬱. 今年升庠,姑不設行耶? 必須不觀,可也. 廣庄事,何以爲之否? 今番巡歷,支頓所費,極其浩煩,雖安坐待瓜,果無一分餘剩,能免負債,幸矣. 須諒悉此意,極可極可. 前後所送黃肉熬塊,考納而能爲朝夕供助耶? 何不一示其好否? 甚泄甚泄. 吾則以爲勝於脯貼、肉醬諸饌矣. 苦椒醬,亦吾手所爲之,須詳示其善否,以爲續續兩物隨便繼送之地也. 兩畫軸俱佳,兩書種尤妙,甚爲竹館清賞矣. 青莊行狀,略得影似,而姑未脫藁,此意言及其子如何? 成當專人耳. 初夏望念間,如無他憂,下來爲妙,與汝弟偕來,亦好,他人有欲來者,亦無妨作伴耳.

（印）	齋洞	三月十五日
	本宅卽納	衙中平書

　　十一日, 出分西倉, 宿靈覺寺, 踰嵐嶺, 挾五十里水石, 漫詠: "依遲動車馬, 恨恨出松蘿. 忍別靑山去, 其於綠水何?" 盖卽日欲歸也. 修理時, 壁間新付'苽熟蒂落'四大字, 監司及他守令, 皆以爲'雖付書壁間, 其如無奈何?'云, 仍大咥闃堂, 誰知書此乃初六朝也. 十二午間, 方坐古倉分給, 而京便及光燁來, 見書, 慰幸萬萬, 而婦病尙爾, 悶慮何極? 十一日, 發送料錢矣, 聞此奇, 姑停矣. 光燁有收拾之物, 未易猝發, 故此隷輩仍前封書簡, 先爲發送耳. 治簿, 昔非不足, 擧踵而望, 久矣, 有何狼貝耶? 吾則待快晴, 徐徐發行, 盡意遊覽, 姑未的定行期, 勿苦企, 可也. 兩南竹樹皆凍枯, 百花亦皆枯, 秋事可慮, 奈何? 擾甚. 不具.

　　丙辰三月十五日, 仲父

| 9 | （印） | 齋洞　　　　　　　　行到居昌平書
朴安義宅卽納 |

　　十九, 閱盡四庫穀物. 廿日, 行到居昌, 留兩日, 與丹城觀白日場. 廿三朝, 今方臨發, 暫爲先此, 寄書報安, 而亦擬歷省廣楸, 路由秋風嶺耳. 行路間關, 亦未知何日抵京也. 姑不宣.

　　丙辰三月廿三日朝, 仲爺

10

芓洞
學士文几　回敬

　　俄爲仲存舍館, 占得異區於濟洞最高處, 弼雲、北岳, 皆几案間事也. 歸見華牘留案, 亦與存友同讀, 況兼「治安」一策帶至, 文氣則賈生也, 經綸則陸宣也. 相對三嘆, 不覺回身望弼雲、北岳, 賀其元氣也. 華城聯遊, 是俺宿昔之志也, 卽與席奴議, 諾曰:"馬健, 可也", 第此膀髀之間, 又生小癤, 未知不肆毒否也. 和友之答來, 卽俯報如何? 鉅策, 存友卽地袖去, 以爲徐當盡意評騭云云耳. 姑不宣.

　　卽趾弟頓

11

　　庚後暑氣猶盛, 令候起居如何? 今日, 極欲乘早凉進晤, 而爀曦已中天矣. 晚往則寄食無處, 纔停坐, 計於明曉, 當偕景禹, 朝飯能具否? 爲此專報. 姑不備. 令照.
　　卽欠拜

　　蓮洞數三處, 自有慰問事耳.

12

　　光燁來, 略聞其設施大槪, 似善爲之矣, 可幸可幸. 朝者入送朔柴, 受之否? 三介漢, 觀其面貌, 雖煤峽風略, 有肥膚氣而惡山, 兩頰則皴皴, 頗有油氣, 尤可哎哉. 吾三時飯、三時睡, 皆頓頓. 萬樹陰陰, 盡日黃鸝聲, 但太旱乾, 兩眼迷眵, 是悶是悶. 燁也, 明當入去耳.

13

夜來眼疾如何？獨不聞齊之祖珽淸盲，艾燃馬矢以燻之耶？誰敎汝作此慘酷之事？不覺心寒，終宵無寐也．汝舅已入來耶？野棠一馱，又艱得入送，善植之，又善結束，毋令人拔去之地也！園樹其間多失云，良可痛歎．

14

　　簡紙數十幅及窓戶紙十張, 覓送否? 今春, 霜冷異常, 花事無次序. 今方滿山杜鵑, 梨花盛開, 園李如雪, 而桃杏尙此杳然, 京花亦如此否?

　　舊嶺伯, 想已上來, 而在於洞內, 農書及『沔陽集』, 無路索來, 汝須以同閈之意, 往見尋出如何?

　　肉燭數十柄, 貿來如何? 楚也所書「赤壁賦」及其他叩以塗壁者, 持來爲玅.

　　『奇器圖』, 送之如何? 何時將欲下來耶? 但三月之約, 未知如何, 出場則恐無抽身之路矣. 伯善父子, 其間幾次相逢, 而其彌縫頑賴之狀, 比前如何? 釣臺建屋, 今卄九日, 主柱上梁, 但恨盖艸耳. 龍骨本、水碓小本, 在於庫房樑上, 覓送否?

　　梨花盛開, 而桃杏杳然, 可怪矣. 鳳來園中種蔘, 今至何境耶? 吾意則移種此處似好耳.

15

　　抄筆十柄送之. 此筆雖體小, 作字時, 毫端能從心, 亦能久書不禿, 可謂善手也, 試用之如何? 頃來, 黃毛雖不好, 而似此體樣, 先以五柱, 得筆三十餘柄耳.

　　鍾峴參判宅夫人喪出乎? 向有訃告, 而稱以'齊○', 似是<u>山如</u>之子, 而遭其承重曾祖母喪也. 須詳探後, 傳之<u>晉州</u>家如何?

　　<u>元平</u>處, 册白紙一塊送之否? <u>沈穉敎</u>亦一例給與無妨耳. <u>悠久</u>許傳書否? 何久無答也? 促受其答, 可也.

　　此筆更試之, 果是難得之筆, 須愛惜用之如何?

　　<u>中州人書牘</u>持去否? 善藏如何? 御製「錦城尉神道碑」及「李提督廟記」, 遍索不見, 或者持去否? 詳示如何?

16	齋洞	燕巖行中平書
	本家卽傳	

　　昨於留相之行, 略寄數字, 已爲入覽否? 吾無恙老, 兒亦平善, 可幸. 今方燕岩, 期欲於卄六七間還歸耳. 吏之必爲招致言及此, 望日發程, 可也. 席奴亦不在家, 須善謹鎖鑰, 戒飭門戶等節如何? 峽行, 明當還來矣. 不具.
　　丁巳四月十八日, 仲爺

17

　　碁譜, 在於桂山艸堂樑上, 覔付此回如何? 日已漸長, 而消遣之資, 實無好道理故耳.

　　光燁, 廿七日, 果爲峽行耶? 去後, 無路得聞消息, 可歎可歎.

　　科事漸迫, 所做能得幾許首, 而亦能速作無礙否? 當題, 於意無難, 然後入場, 雖減半, 亦能呈券耳. 仲存見近作, 以爲如何? 汝叔亦以爲何如耶? 詳錄以示如何? 亦不可不習字, 買得好簡壯紙, 筆盡敦篤, 肥實書之如何? 五兩送給, 俾之以爲試紙及科時所用, 可也. 但臨時送之, 亦可量處如何?

　　『五倫行實』初卷, 換送如何?

　　秋饌作好刀, 而尙今不送來, 其人事, 每每若此. 須趣聖緯, 使之卽推之地, 峻責聖緯, 可也.

　　光燁以爲: "所幹別無違於始料", 來頭果能如意云否耶? 來此時, 憂其所言, 則雖如此, 而渠方銳意爲之, 至於欲罷不能之境, 則其言似不無姑諱於我之意, 可歎可歎.

　　若白楮百斤, 能浮四塊, 則似無害, 而何可必也?

18

長日草堂上,
樹陰滿庭綠.
時有黃鸝來,
喚友聲嚶嚶.
中有讀書人,
樂饑不出門.
今送二空册,
著書須滿卷.

範秀婚處, 姑無定處耶? 此甚大事, 及今定置, 行禮於冬間, 則似好耳. 此身旣圖脫不得, 賢亦在京無爲, 何不乘新凉下來穩做耶? 兒子來初當來覲, 其時同聖緯聯鑣, 似亦無妨耳. 貰馬一來, 亦何妨矣?

19

　　夜雨如苻堅投江之鞭,澎湃撼屋,終宵失睡,加以萬蚤跳踉,幾乎大叫發狂,未審高軒能免此患否.與人長牘一桼.

20

```
松留 下執事 回納
              （手決）謹封
朴安義謝書
```

　　卽拜台惠覆書, 謹審潦暑, 台體起居, 神相萬勝, 仰慰無任. 侍生久滯齋直, 艸瘴蚊雷, 苦無佳趣, 奈何? 就告部內居金光復處, 有可咦可痛之事, 而書辭煩委, 當使徐傪往呈所志, 幸望詳察而嚴處之, 如何? 尹生似於不日, 當進營下, 亦當有以口告其委折也. 厥漢昆弟中, 輪囚一人, 使之督現, 好矣. 台兄若又俯聽其前後事狀, 想必不須此言, 而有以嚴懲之耳. 餘姑不備謝例.
　　丁巳閏月初五日, 侍生服人, 煩不敢名, 拜悚

21

齋洞本宅卽傳
　　　　　　　　　　　　（手決）謹封
一行穩到平澤宿所　臨發平書

登程後, 晚熱彌熾, 渾舍無恙否? 吾初五穩宿平澤, 今將發行, 而大抵瘴症雖却, 痔疾甚劇, 是爲難堪. 再昨歷入里洞, 不勝駭歎, 此何擧措? 雖曰至痛至悲, 摧腸裂肝, 以溘然爲快, 而未有似此過擧喪性久矣, 亦豈意至斯耶? 悲切之外, 還覺駭惋也. 想必顚沛險路, 加此則沈江, 亦復奈何? 今日午站, 當歷安查家, 當以半斗及中路酒肴留饋耳. 餘萬燈下揮汗, 不具.

丁巳七月初六日平明, 仲爺

今日, 印信當來到, 故欲於新昌先報到任日子耳. 初六似不妨耳.

22

齋洞	
（印）	沔川行 留城下平書
本家卽納	

果川行中消息, 想從惠仲聞之矣. 日來極熱, 渾舍無恙否? 吾痓症快却, 飮啖寢睡如常, 而但痔疾苦劇, 是爲難堪, 而目前尤難耐過者, 脣下頤上, 熱瘡成泥, 此雖無甚爲慮, 而苦則苦矣. 明朝, 將爲上官, 故姑留城底, 而邑樣凡百, 亦姑未知之. 但開閉播吹, 勝於安義, 馬後細把, 如京馹, 勇字軍牢, 加於嶺邑而已. 吏奴相表, 極貧殘, 此非錢財可以猝然貿易者, 好唉好唉. 水營水操, 將以來月十一日合操, 而兵·防船二隻領赴水軍百餘名, 亦多闕額, 其外附船器械, 萬無及期之望. 雖是空船, 水路險遠, 且經安興項, 故必爲候風, 然後能到汛地. 若不能趁初六點考, 則本事雖似兒戲, 而師律則至嚴, 此將奈何? 虎鬚·同介·刀鞭等物, 亦當於數日後專人, 可借處, 留意廣問如何? 幷以回馬便, 略艸.

丁巳七月初八日, 仲父

聖緯·伯善家所去封物, 同封以送, 一一善傳, 可也.

23

瑞寧政閣執事 回納	
	（手決）謹封
沔守謝書	

　　　　行到禮德之境，四野曠漠，群山平遠，雖未知瑞寧之在於那邊，而要不出半百里之中，海雲浦崔之間，庶幾遇之．唐津過吏，忽投華牘，驚喜之極，忙手發函．謹審晚炎，侍餘政履萬相，慰賀區區，洽如對晤．弟冒暑歷辭，宿病猝亟，而稽留悚惶，扶曳登程，毒痁雖却，苦痔方劇．且況水操當前，不辨頭緒，如冒篩輪而舞旋風．舟卒、櫓軍，太半闕額，帆檣器械，年久朽敗，而潮泥滿船，候風出海，難及期會，此將奈何？偏蒙天地之鴻私，倉卒來赴，而緬思拙分，向平之婚嫁已畢，淵明之松菊猶存，胡爲復作老饕？

24 濯研齋 詞幌

　　汝名, 馬上忽然入思, 至餕至餕. 此朴諭善子名, 而與吾相善者, 但其面貌至餕, 吾甚憎之, 汝何以同此名也? 從今以宗何行世, 可也, 而字曰可人, 汝兄之字, 字曰義人, 亦可也.『五禮通考』, 必欲得置者, 而今則事力未逮, 彼若有急處, 先給六七兩爲好, 渠亦先要此數故耳. 新昌邑底, 歷見安查, 極爲例士, 迂拙一老儒, 孫兒頗依俙肖似, 是尤可愛耳. 今吾此行, 病勢殊不輕, 賴有兩士護來, 今則已穩穩上官, 千辛萬艱, 都自忍之. 汝輩昆季, 亦不置念頭, 但所未忘者, 孝壽耳. 好哉好哉. 汝須存養, 得弘毅遠大之志, 無爲科擧小儒, 可也. 光燁處, 尙無消息否? 可怪可怪. 如有來書, 勿忘覓送, 破此紆鬱如何? 硯匣中, 聖緯所書粉紙諸艸, 裹送, 可也. 李邦益作傳, 一時爲急, 楚冷兩友, 須往見, 急急搆出之意, 傳之如何? 餘萬姑此.

　　丁巳七月望日, 阿翁

25

```
          安洞
(印)                    沔守平書    (手決)謹封
   李進士仲存宅 入納
```

　　　　金颷乍動, 起居珍相, 慰溯無窮. 弟在道衝冒極熱, 七日馳驅, 毒痁雖却, 苦痔方劇. 且況猝當水操, 萬事控恩, 兵·防兩船, 潮泥滿艙, 舟師、櫓卒, 太半闕額. 又是安興險洋, 候風騎船, 難趁期會, 惱悶多端. 所謂邑樣, 全不成說, 雖强排料錢, 米賤如土, 前頭事實, 如觸柱, 奈何奈何?「李邦益傳」, 此非淹置者, 而非但公務鞅掌, 其於所經道里邑號遊覽之際所錄, 不可艸艸. 幸須與泠、楚兩友, 急速搆送之地, 如何? 安洞家舍, 能免搬移之患否? 種種慮念. 餘萬姑此. 不宣.

　　　丁巳七月望日, 趾弟頓首

　　料錢貳兩

　　李承宣景混, 有所錄, 下送安岳衙中, 將爲推來, 爲此送之家兒云, 而日久則易以忘置, 須以家兒書, 索來如何? 彼亦知家兒故耳. 前有漂海者某, 事蹟甚奇, 同爲錄作傳爲好云. 余忘其名, 其事頗同云.

26

　　此是承命撰進之文, 則非可艸艸循常, 作非古非今之文, 文法要當似『史』、『漢』, 波瀾生色爲玅.
　　彼旣語焉而不詳, 目焉而未省, 名物多舛, 事狀未的, 遊覽處山川樓臺, 所經處州郡道里, 必多爽實, 不必盡從諺錄. 幸須憑據『一統志』及他傳記所載, 抄謄鋪述, 宛若目覩, 以作波瀾生色, 則雖於古人篇中, 移摹一番, 以此驗彼, 事實相符, 腐臭神奇, 要在其中.
　　漂海時, 幽怪之見, 臺灣、泉、漳之間, 所歷諸奇奇怪怪可喜可驚之事, 不必盡出渠口, 古人傳記中實事, 不妨以意演繹, 自成一篇奇文耳.
　　文体, 似當如「霞客傳」、「長白山記」, 未知如何. 題目以'記李邦益漂海事'爲題耶?
　　『說鈴』、『太平廣記』, 在先家所有, 鄭運經『耽羅聞見錄』, 似多以意推演處耳.

其謄錄, 將自政院發關, 完營推來, 南令亦欲自閣中發關, 禮判亦言當自備局發關云, 而雖上來, 其送傳此中, 未以爲期, 幸爲我提撕諸公, 以爲急速送來之地, 爲可.

洛瑞台, 亦有可考文迹, 未及持來耳.

演成數十丈奇文, 可入『叢書』中, 爲妙.

大抵我東使价, 雖歲入中國, 而燕京乃天下一隅之地也, 於皇城事, 固不識何處沸羹, 聞見非眞, 常如痴人說夢, 況大江以外事乎! 康熙時, 三藩之叛, 傳聞多訛, 農巖所著「審敵篇」, 可見其臆料, 而至於老稼齋, 則至以親見海浪賊爲記, 其聞見之非眞, 此可驗矣. 然而士大夫, 則嚴於春秋尊攘之義, 輒思中國之有變, 遐陬愚氓, 好爲繹騷, 常以苗、蠻梗化, 江南路斷爲疑. 今此邦益之漂海, 貫穿閩、越, 萬里無梗, 則足可徵四海之寧謐, 快破我東之群疑, 此其功, 固賢於尋常一介之使矣. 此意演入爲妙.

27

```
          齋洞              沔川衙中平書
     (印)                        (手決)謹封
        本宅卽卽傳納
```

　　望日曉頭, 起送兩隷, 爲報上官平安之意. 匪意, 邸人便, 獲覽十三日所發之書, 乃渾閨平信也. 比諸安義, 不啻朝發夕至, 欣慰之餘, 還覺爽豁. 數夜來, 月色如晝, 與兩士嘯傲風軒, 半夜謔浪, 差足慰此客懷耳. 可借戎裝諸具, 列錄已入前便, 須善照檢如何? 圖署石, 雖滑石無妨, 亦爲問諸藥局, 一塊得送否? 砂糖, 何不留作兒供耶? 幷以還送耳. 朝報, 再次所來也, 抄之又抄, 不成貌樣, 亦不成文理, 須招館吏切責, 勿復書送之意, 嚴飭可也. 嶺南及諸道貶目, 不爲錄來, 雖見政目, 不識頭緖, 可歎可歎. 紙政極艱, 所有圖軸及簡幅, 覓送如何? 汝弟欲置『五禮通考』, 其志可貴, 而厭價, 今則姑無出處, 使渠議於曾樂, 先給半價似好耳. 南草一斤, 官定爲四戔, 而味亦不好. 廊底所賣南艸, 貿來何處, 價爲幾何? 令大孫貿來五六斤, 送來之地, 如何? 餘萬具悉前書, 姑此.

　　丁巳七月旣望, 仲爺

　　邸人處所用, 爲幾何? 索見其件記, 細細錄送, 可也.
　　紗風遮, 勿忘送之! 信便未易, 毛揮項貂皮付送, 可也.

28　又書（印）

　　昨秋, 吾之花布周衣, 借柳惠甫, 今番水操時, 當着於千翼之底, 須卽還推以送如何? 姊主料錢, 貳兩覓送, 而不能作諺書, 令汝妹倩艸書送, 可也. 光燁妻處, 須以斗米存問如何? 或有松便書來, 則此回勿忘付送如何? 幾次祀事? 天氣尙熱, 房堗如蒸, 小兒調養極難, 且況全是納口之物乎! 必須借京橋小婢, 專意看護於外廊, 勿令入內之地如何? 貴奉使酒, 今時則不甚耶? 渠是酒後, 妄人也, 不可使之抱兒耳. 好哎好哎. 冒暑作行, 路憊猶在, 而積年嗜水之症頗減, 是尤可幸也. 水營赴操之行, 當在來初二三間, 故公州延命之行, 欲於念後卽發耳. 幼肅, 近間或往來否? 科時亦助其紙價如何? 李承旨景混許, 以汝書作簡之意, 仲存書及之, 須卽相議爲之, 可也.

29

| （印） | 齋洞
本家卽納 | 沔衙平書 |

　　綸菴與光燁, 想於昨午入去, 細傳此中消息, 想應一番解鬱矣. 其間凉氣日深, 渾家無恙, 而乳兒泄患快瘳否? 種種難忘. 吾健飯穩宿, 逢秋頗蘇, 而但厭倦之症, 日甚一日, 奈何奈何? 監司巡路, 將出站於大興, 朝飯支應, 自多關心矣. 如果得由, 則期趁望前入城, 而亦何可必也? 聖緯勸送白川, 未知能於初七與燁也偕發否. 伯善姨弟林哀, 亦爲同去耶? 廣庄亦無人看檢, 歎恨良深. 科日漸迫, 必須善善出入如何? 撓甚姑此.

　　丁巳八月初五午刻, 仲爺

30

| 齋洞   沔衙平書 |
| （印） |
| 本宅卽納 |

覽書爲日稍久, 殊深戀鬱. 天高日晶, 霜氣漸邇, 渾舍學獲無恙否? 科期已逼, 亦聚精會神, 不作孟浪否? 得失無所關, 但善出入, 不逢辱, 可也. 此中眠食無減. 準擬請由, 直省廣楸, 祭需皆措備, 且擬歷掃勒峴季父·從兄兩山, 故祭物亦皆措裹矣, 諉以秋務方張, 朝飭亦至嚴云, 忽地由狀見退, 未免蹲坐, 憮然失圖, 奈何奈何? 今則不可不以明春爲期而已耳. 泣·楚所托事, 何以爲之耶? 須卽地尋覓付之, 此回如或未就, 亦須傳此渴悶之意, 速圖之, 可也. 聖緯何日離發, 而林也亦爲同行否? 緯則向何處耶? 詳錄以示如何? 頃觀安査貌樣, 極雅靜措大, 守拙安貧底老儒士耳. 惜乎! 其次女, 當婚竝遭內艱, 今雖脫喪, 過時無可合處, 甚是頭痛, 須爲廣問親舊中, 遍求如何? 廣庄, 則甲乭者已爲往看耶? 白庄, 則隨去者何許人耶? 『五禮通考』, 於我無甚關緊, 而賴兒旣欲買得, 則其志可尙, 故今以半價先爲輸去, 其頭匣送來, 視之之如何? 金居昌相距五百三十里云, 昨送一吏, 爲看此土秋收, 世人之於自家分數, 其緊着如此. 向者, 光燁之歸, 恨不令帶去一吏也. 幷爲追送一吏聖緯·林哀間, 無論已入白庄與否, 此奴眼同, 往尋光燁, 以爲去就之地如何?

143

丁巳秋夕日, 仲爹

31

　　沿路強盜之竊發者, 比比有之, 白晝攘奪, 無人誰何. 雖有鎭營出使, 不過一校一卒而已, 見四五人結黨而去, 莫敢執詰, 佯若不知, 徒爲討食於閭里間. 雖有大臣陳白, 捕廳嚴關, 徒是虛文, 奈何? 汝則臨科之士, 不可來, 汝弟或欲妄動, 切勿生意如何? 今月念晦間, 欲以緬禮事請由, 而安可必也?

32

越房隅, 與<u>席</u>、<u>大</u>兩奴築墻, 而腰以上, 以土甓爲玲瓏, 盖瓦其上, 可也. 廚門之向西者, 鎖之尤好耳. 如未及築墻, 則樹柵亦可.

移內厠于後庭且掘旁阬.

外、中大門懸扉.

沈醬事, 與汝妹及次婦相議, 如能□□□, 則雖出債沈之, 無妨也.

33　廿三夜追書

　　人馬之二十三午間回還,覽書,審安過狀,而孝壽之閱月泄症,感氣中瘢漸,慮念不能弛也.雖幸小差,必須加護如何?『五禮』首匣,略略點視,儘是好册子.賴兒得此,雖曰手舞足蹈,其於束書不觀何?雖一次涉獵,若不細究,則亦何異乎'皮舐西瓜'、'全吞胡椒'耶?不必誇之柳生輩,柳非求益者,少沈潛氣像,只好借書誇博而已.須與韓曾樂輩參考,不通文義處,問諸汝渭陽,究有實效,可也.榜目謄送如何?席奴,果與兪吏同發耶?鑰燭筒一箇,貿送如何?價不過一戔耳.

　　上納吏廿四發行,故追書耳.見邸吏告目,則僉正宅納用祭需錢十兩云,未知何祭需耶.無廉極矣,使之勿納,可也.「李傳」,今便苦待,而亦不來,可歎可歎.惠甫則全不顧見,而楚也獨當耶?詳示之如何?

『연암선생 서간첩』(燕岩先生書簡帖) 해제

1

　연암 박지원은 한국 문학사상(文學史上) 굴지의 대문호다. 그는 특히 산문을 잘 썼는데, 글 솜씨가 워낙 빼어나 그의 산문은 마치 잘 빚은 항아리처럼 물샐틈없이 삼엄한 완정미(完整美)를 보여준다. 연암의 글은 때로는 유머러스하고, 때로는 반어적이고, 때로는 통렬하고 풍자적이며, 때로는 몹시 처연하고, 때로는 능청스러우면서도 심원하고, 때로는 근엄하고, 때로는 예리한 통찰력과 기발한 상상력으로 가득하고, 때로는 논리적이고 심오하며, 때로는 몹시 논쟁적이고, 때로는 세상 이치를 다 깨딜은 사람의 글인 양 담담하고 명상적이며, 때로는 깊은 연민이 담겨 있고, 때로는 몹시 슬프고 아름답다. 그리고 이 다양한 면모의 기저부(基底部)에는 세상 안팎에 대한 놀라운 '반성력'(Reflexion)과 자기 응시가 자리하고 있다. 그것만이 아니다. 더욱 놀라운 것은 이런 창조적인 형식과 의장(意匠) 속에 깊은 사상을 담지해 내고 있으며, 사회와 현실에 대한 진지한 성찰, 더 나아가 나라와 인민에 대한 선비로서의 경세적(經世的) 책임감을 견결하게 담아내고 있다는 점이다.

　요즘 우리 사회의 세태는 경박에 경박을 더하고 있는 느낌이다. 이런 세태에 영합하여 일각에서는 연암을 마치 개그맨처럼 만들어 놓고 있기도 하다. 뿐만 아니라, 연암의 글쓰기에서 그 고심처(苦心處)가 무엇인지를 진지하고 사려 깊게 음미하려는 노력을 기울이기보다는 연암의 조박(糟粕)이나 해타(咳唾: 가래침)에 대해 환호작약하는 듯한 경향도 없지 않은 듯하다. 연암의 산문은 퍽 까다로워 한문 원문으로 읽는 게 쉽지 않은 일일뿐더러, 그 다층적인 미학적·사상적 의미망을 구조적으로 적실하게 해독해 내기란 무척이나 어려운 일이다. 그리고 설사 적실하게 해독했다 할지라도 그것을 지금의 우리말로 쉽고 정확하게—왜곡과 과장과 단순화의 잘못을 범하지 않으면서—옮기고 풀이하는 건 정말 고도의 지적 능력과 오랫동안 축적된 공부가 없이는 불가능한 일이다. 영국의 비평가 리비스(F. R. Leavis)의 말마따나, 적어도 연암의 산문을 제대로 이해하고 감득(感得)하기 위해서는 연암 정도의, 혹은 연암과 방불한 사유와 고심, 인문적 교양과 식견을 갖출 필요가 있을 터이다. 그렇지 않고서 연암을 말한다는 건, 좀 미안한 이야기지만 초등학생(이 말이 좀 심하다면 중고등학생으로 고쳐도 상관없다)이 박사 과정의 대학원생을 평하고 운위하는 꼴이 되기 쉽다. 아무리, 말을 하는 건 그 사람의 자유고, 그래서 제 보고 싶은 대로 보면 그만이라고 강변할지라도, 적어도 학문하는 사람의 눈으로 본다면 이건 연암에 대한 예의가 아니다.

2

최근, 부질없다면 부질없는 이런 생각을 하고 있을 때 서울대 박물관의 학예관으로 계시는 진준현 선생이 『연암선생 서간첩』(燕岩先生書簡帖)을 한 부 복사해 보내왔다. 올봄의 일이다. 이 자료가 서울대 박물관에 소장되어 있다는 사실은 진작부터 알고 있었다. 나는 수년 전 연암의 아들 박종채(朴宗采)가 저술한 『과정록』(過庭錄)을 번역하여 간행할 때 이 서간첩에 수록된 편지 하나를 사진으로 찍어 책에 도판으로 넣은 적이 있다. 당시 진 선생은 아직 자료정리 작업이 되지 않아 이 서간첩을 다 보여주기는 곤란하며 정리가 되는 대로 보여주겠다는 말을 한 바 있다. 꽤 시간이 흘렀건만 진 선생은 당시의 말을 잊지 않고 고맙게도 이 자료를 복사해 보내 주신 것이다.

자료를 읽어 보니 연암에 대해 우리가 모르던 사실들이 퍽 많았다. 대문호라고 하지만 우리는 연암의 전기적 사실에 대해 아직도 모르는 부분이 많다. 아들이 쓴 연암의 전기가 있어 연암의 일생을 재구성하는 데 큰 도움이 되지만, 이 전기에는 누락된 사실이 적지 않다. 뿐만 아니라 이 전기는 '아들의 시각'을 통해 자료를 정리하고 해석한 것이라는 점에서 일정한 한계가 없지 않다. 다시 말해 이 전기는 아들의 시각으로 자료를 가공하고 취사선택하고, 의도된 방향으로 배열하고, 재구성해 놓고 있는바, 이런 점에서 그 연암상(燕岩像)은 있는 그대로의 연암상이라기보다 하나의 '해석된' 연암상이다. 그와 달리 이 서간첩은 연암 전기(傳記) 연구에서, 그리고 우리가 연암을 있는 그대로 보려고 하는 데 있어서, 가장 중요한 1차 자료가 된다. 이 서간첩의 가장 큰 의의는 바로 이 점에 있다 할 것이다.

연암의 서간문은 그 문집인 『연암집』에도 여러 편 수록되어 있다. 그

것들은 크게 둘로 나뉜다. 하나는 가령 「관찰사에게 올린 편지」(『연암집』 2권에 수록되어 있음)처럼 공식적인 성격을 갖는 서한이고, 다른 하나는 문예성을 십분 고려해 쓴 서한이다. 후자는 보통 '척독'(尺牘)이라고 일컫는다. 대개 짤막한 편지로, 표현을 한껏 다듬고 문예미를 의식하며 쓴 편지다. 하지만 서간첩의 편지들은 문집에 수록된 이 두 가지 중 그 어느 것도 아니다. 전자 혹은 후자와 성격이 비슷한 편지가 두어 통쯤 없는 것은 아니지만 전체적으로 본다면 극히 예외적인 것에 불과하다. 그렇다면 이 서간첩의 편지들은 어떤 점에서 문집에 실려 있는 편지들과 구별되는가? 두 가지 측면을 지적할 수 있다. 하나는 '사적(私的)인 가족성'이요, 다른 하나는 '꾸밈없음'이다. 사적인 가족성은 전적으로 가족(연암의 처남까지 포함해)에게 보낸 편지에 해당하는데, 여기에는 꾸밈없음이 동시에 관철되고 있다. 하지만 꾸밈없음은 사적인 가족성보다 그 범위가 넓으니, 이를테면 일부 우인(友人)들에게 보낸 편지는 사적인 가족성은 없지만 꾸밈없음은 나타난다. 아마도 이 편지들이 문집에 수록되지 못한 것은 이 편지들이 갖는 이러한 두 가지 속성 때문일 것이다. 이 서간첩의 편지들은 그 대부분이 연암의 아들에게 보낸 것들인데, 실제로 현재 『연암집』에는 아들에게 보낸 편지가 단 한 편도 실려 있지 않다. 그 사적 가족성과 꾸밈없음 때문에 문집에 넣기가 뭣하다고 판단해 제외한 것으로 보인다. 넓은 의미에서 일종의 검열이 작용한 것이다. 이 서간첩에는 그밖에 연암의 처남인 이재성(李在誠, 字 仲存)에게 보낸 편지가 다섯 통 들어 있다. 이재성의 편지는 문집에도 몇 편 실려 있다. 하지만 문집에 실려 있는 것과 여기에 실려 있는 것들 간에는 미묘한 혹은 중대한 차이가 존재한다. 전자의 경우 문장이 훌륭한 데다 사적인 가족성이 그리 두드러지게 나타나지 않는다. 이에 반해 후자의 경우, 비록 진솔하긴 해도, 문장을 다듬지 않고 즉흥적으로 쓴 것 아니면 사적 가족성을 여과 없이 드러낸 것이어서, 문예적 기준에서 볼 때 문집에 싣기가 곤란하다고 판단했을 수 있다.

그렇긴 하지만 지금의 관점에서 본다면 문집에 실려 있지 않은 이 제3의 서간문들―꾸미지도 않고, 다듬지도 않은―이야말로 '인간 연암'의 또 다른 실체를 더듬어 나가는 데 대단히 중요한 실마리가 된다고 하지 않을 수 없다. 이런 종류의 연암 간찰(簡札)은 현재 별로 알려져 있지 않다. 내가 본 것으로는 성균관대 박물관에 소장되어 있는 『근묵』(槿墨, 吳世昌 編)에 실린, 연암이 그 형인 박희원(朴喜源)에게 보낸 편지 한 통과 서울대 박물관에 소장되어 있는 『근역서휘』(槿域書彙, 吳世昌 編)에 실린, 연암이 그 아들에게 보낸 편지 한 통이 고작이다.

3

이 서간첩이 서울대 박물관에 수장(收藏)된 경위는 어떠한가? 이 서간첩은 원래 연암의 형 박희원의 현손(玄孫) 되는 박기양(朴綺陽, 1876~1941)*

---

* 연암의 형인 박희원에게는 후사가 없었다. 이에 연암은 자신의 큰아들 종의(宗儀)를 형의 양자로 입적시켰다. 종의는 다시 종채(宗采)의 차남 주수(珠壽)를 양자로 들였다. 주수의 외아들이 제응(齊應)이고, 제응의 외아들이 기양(綺陽)이다.

이 가장(家藏)하고 있던 것인데, 박영철(朴榮喆, 1879~1939)이 넘겨받아 수장하고 있다가 경성제국대학에 기증함으로써 현재 서울대 박물관의 소장품이 되었다. 이 서간첩이 박기양에게서 박영철에게로 넘어가게 된 경위는 박기양이 박영철에게 보낸 다음 편지에서 소상히 확인된다. 이 역시 하나의 자료가 될 듯하므로 편지 전문을 여기에 소개한다.

전야(田野)에 살면서 멀리 바라보며 우러르기를 힘써 하고 있습니다. 초여름, 잘 계신다는 말씀 듣고 몹시 송축하옵니다. 저는 묵은 병으로 쇠함이 날로 더하여 정신이 혼몽하고 즐거운 일이 없습니다. 제게 보내 주신 시는 시골에까지 파급되어 그 은혜를 이길 길이 없습니다. 세 번 되풀이해 읽어 보니 정녕 그림으로 진경(眞境)을 그려 낸 것 같고 겸하여 실제 사실(史實)을 서술하셨거늘, 그 높고 건실하며 전아함이 참으로 훌륭한 걸작이라 하겠습니다. 그래서 무릎을 치며 감탄하는바 저도 모르게 맑은 바람이 소매에 가득합니다. 다만 송구스런 것은 제7구의 "吐黑烟"(토흑연: 검은 연기를 토한다)의 '黑'(흑)자는 '墨'(묵)자로 하는 것이 좋을 듯한데 어떠실지 모르겠습니다. 말뜻은 같습니다만 운치가 더 있고 대구(對句)가 더욱 긴밀해지기 때문입니다. 감히 넓으신 마음을 믿고 망령되이 제 생각을 말씀드렸긴 하나 몹시 외람된 일이라 황공함을 이길 수 없사오니 아무쪼록 제 말을 용서하시기 바랍니다.

일전에 제가 사는 옥천군 이원면(伊院面)의 친구 이준재(李俊

宰) 군이 흥미로운 전문(傳聞)을 적어 보냈는데, 귀하께서 요즘 박형(朴兄) 야원(也園)과 만나 연암(燕岩)의 수필(手筆)을 구하려 하셨다고 하더군요. 귀하가 몇 년 전에 『연암집』을 간행하신 일은 단지 그 후손이 죽도록 감사드려야 할 일일 뿐만 아니라 황천에 계신 저의 고조(高祖) 역시 귀하에게 깊이 느꺼워하실 줄로 압니다. 이제 또한 그 유묵(遺墨)을 간절히 구하시니 더욱 감격하게 되는바, 감히 얼른 뜻을 받들지 않을 수 있겠습니까. 이에 서간문 한 첩(帖)을 봉정(奉呈)하오니 보아 주시면 감사하겠습니다. 이만 줄입니다.

    을해년(1935) 음력 4월 11일, 생(生)* 배상(拜上)
    박기양(朴綺陽)

  이 편지 겉봉의 수신인 난에는 "경성(京城) 소격동(昭格洞) 144 박영철 전(殿)"이라 기재되어 있고, 발신인 난에는 "충북 옥천읍내(沃川邑內) 상계리(上桂里) 박기양"이라 기재되어 있다.** 겉봉에는 또한 소화(昭和) 10년 5월 13일자의 소인이 찍힌 우표가 붙어 있다. 소화 10년이면 1935년이고, 5월 13일은 음력으로 4월 11일이다.

  이 편지에 의하면, 박기양은 박영철이 연암의 수필을 구한다는 말을 친구에게서 전해 듣고 집에 전해 오던 연암의 서간문 한 첩(帖)을 박영철

---

* '생'(生)은 겸손하게 자기를 낮추어 이르는 말이다.

에게 보냈다. '수필'(手筆)이란, 편지든 서예 작품이든 원고든 간에 자필(自筆)로 된 것을 이르는 말이다. '첩'은, 그림이나 글씨 따위를 엮어 놓은 팸플릿 비슷한 것을 이르는 말이다. 이 편지 중에 "서간문 한 첩"이라는 말이 보이는 것으로 보아 『연암선생 서간첩』은 박기양의 수중에 있을 때 이미 첩(帖)의 형태로 되어 있었음을 짐작할 수 있다.

하지만 지금 서울대 박물관에 있는 『연암선생 서간첩』은 박기양이 보내준 첩(帖) 그대로가 아닌 것으로 판단된다. 지금 전하는 『연암선생 서간첩』은 대단히 호화판으로 만들어져 있는바, 표제를 "燕岩先生書簡帖"이라 하고, 그 다음 페이지에 "多山珍藏附箋"(다산진장부전)***이라는 제목 하에,

---

** 편지 전문과 겉봉의 원문은 아래와 같다.
　跧伏山樊, 望風瞻詠, 惟時惟勤. 伏問肇夏台體淸穆, 仰頌區區. 生宿痾衰相, 日甚一日, 憒憒無佳悰而已. 惠示瓊什, 波及僻陋, 不勝感荷. 奉讀三復, 誠是畫出眞境, 兼敍實史, 其高健典雅, 眞春容大傑作也. 擊節詠歎, 不覺淸風滿袖. 第棟第七句 '吐黑烟'之 '黑' 字, 墨字恐好, 未知尊意如何. 語意則一也, 而韻響更佳, 儷對尤緊故云. 然敢恃涵容, 妄陳愚見, 極涉猥越, 不勝主臣, 幸望厚恕休誅焉. 日前, 鄙郡伊院李友俊宰, 專誌津傳, 台執間接朴兄也園, 要得燕岩手筆矣. 台執年前刊布 「燕巖集」 一事, 非徒爲其後裔者之沒身感佩, 鄙高祖在泉之靈, 亦有所深感於台執矣. 今且懇求遺墨, 尤切感洽, 敢不顚倒奉符乎? 書簡文一帖奉呈, 頻令爲荷. 姑閣不敢具.
　　乙亥旧四月十一日, 生拜上
　　　　　　　　　朴綺陽

| 京城　昭格洞　一四四 |
| (우표)朴　榮喆　殿 |
| 　　忠北　沃川邑內　上桂里 |
| 　　　　　　　　朴綺陽 |

*** '다산'(多山)은 박영철의 호이다.

品名: 燕岩先生簡帖
番號: 第二七四號
購入: 乙亥
前所持者: 朴綺陽

이라는 부전지를 붙여 놓았다. 그리고 그 마지막의 "비고"란에다 "朴榮喆印"(박영철인)이라는 백문방인(白文方印: 음각의 네모난 도장)과 "多山"(다산)이라는 주문방인(朱文方印: 양각의 네모난 도장)을 찍어 놓았다. 부전지가 붙어 있는 페이지 다음에 박기양이 박영철에게 보낸 편지가 나오고, 이 편지 다음에 연암의 편지가 차례로 나온다. 연암의 편지 끝에는 박규수의 편지가 한 통 첨부되어 있다.

이상의 사실로 미루어 보아 이 서간첩은 박영철이 다시 표장(表裝: 첩을 꾸미어 만드는 일)한 것이 틀림없다. 한편, 위에서 제시한 부전지에 "구입"이라는 말이 보이나, 이 말만 갖고서는 박기양이 박영철에게 이 서화첩을 팔았다고 보기는 어렵다. 이 두 글자는 '품명' '번호' '비고' 등의 글자와 마찬가지로 부전지 양식으로 인쇄되어 있는 글자이기 때문이다. 아마도 박기양은 박영철이 『연암집』을 간행해 준 데 대한 감사의 표시로 이 서간첩을 주었다고 보는 것이 온당할 듯하다. 박기양의 편지는, 비록 그 말씨는 깍듯하게 예의를 차리고 있지만 그렇다고 해서 박영철에 대해 지나치게 자신을 낮추고 있지는 않다. 가령 편지 끝에 자신의 성명을 적은 다음 달리 아무런 말도 붙이지 않은 것이라든가, 편지 겉봉에 "박기양"이라고 성명만 달랑 적은 것 등에서 그 점을 확인할 수 있다. 말하자면 박기양은 박영철과 항례(抗禮: 서로 동등한 禮로 관계하는 것)하고 있는 것으로 보인다.

잘 알려져 있는 사실이지만 『연암집』은 연암의 아들 종채가 가장초고(家藏草稿)를 바탕으로 편집해 놓은 것을 중국에 망명 중이던 김택영(金澤榮)이 산정(刪定)하여 1900년에 원집(原集)을, 이듬해에 속집(續集)을 중국에서 간행하였다. 그후 김택영은 이를 합편(合編)하고 손보아 1916년 중국 남통(南通)에서 다시 간행하였다. 하지만 김택영이 낸 『연암집』에는 연암의 글들이 많이 빠져 있다. 이에 박영철은 박종채가 편집해 놓은 본에 의거해 재편(再編)하고 보완하여 1932년 경성(京城)에서 『연암집』을 다시 간행하였다. 오늘날 우리가 주로 이용하는 『연암집』은 바로 이 박영철 간행본이다. 박기양의 편지는 이 책이 간행된 지 3년 뒤에 씌어진 것이다.

4

박영철(1879~1939)은 어떤 사람인가? 알 만한 사람은 다 아는 사실이지만 그는 골수 친일파다. 그의 약력을 대강 소개하면 이렇다.

박영철은 1879년 전주의 영리(營吏: 감영의 아전) 집안에서 태어난바, 그의 아버지는 일본으로의 미곡 수출로 돈을 벌어 한말(韓末)에 상당한 토지를 사 모아 지주 계급이 되었으며 1920년대에는 만석꾼에 이르렀다. 박영철은 어린 시절에 한학을 배웠으나 1900년에 일본으로 유학을 떠나 1902년 일본 육사에 15기로 입학하였다. 이듬해 12월 졸업하여 도쿄근위

사단에 배속되어 견습사관 생활을 하던 중 러일전쟁이 나자 일본군 부대를 따라 종군하였다. 이후 무관학교 교관으로 있었으며 1907년 일본의 군대 해산 조치에 순응한 공으로 시종무관에 임명되었고 이듬해 통감부로부터 헌병 근무를 명령받고 1912년까지 근무했다. 이해 8월에 '한국병합기념장'을 수여받았다. 이후 군을 떠나 관계(官界)에 진출하여 1912년 9월 익산군수, 1918년 함경북도 참여관, 1920년 전라북도 참여관, 1924년 강원도 지사, 1926년 함경북도 지사의 자리에 올랐다. 1929년 이후 관계(官界)에서 실업계로 자리를 옮겨 이해에 동양척식회사 감사, 이듬해에 삼남은행 두취(頭取: 지점장)에 취임했으며, 이후 미곡창고주식회사, 조선철도주식회사, 조선신탁주식회사, 조선맥주주식회사의 이사로 있었고, 상공회의소 특별위원, 방송협회 이사로도 활동했다. 1930년대에 들어서는 중추원 참의가 되었으며, 일본의 중국 침략 이후에는 임시교육심의위원, 시국대책조사위원 등을 역임하였다. 그는 삼일만세운동을 '망동'이라 꾸짖었으며, 조선은 일본의 식민지가 아니라 일본제국의 일원인바 실질적으로 내선일체(內鮮一體)가 되도록 더욱 힘써야 한다는 주장을 펼쳤다. 이상, 그의 경력과 주장에서 잘 확인되듯 박영철은 아주 골수 친일파라 할 수 있다. 이런 친일 행각을 높이 평가하여 일본은 그가 죽은 후 '욱일중수장'(旭日中綬章)을 추서(追敍)하였다.

    박영철은 이런 인물이었음에도 불구하고 연암을 존숭하여 적지 않은 돈을 들여 그 문집을 간행했으며, 그 유묵을 잘 단장하여 후세에 전했다. 역사의 아이러니라면 아이러니다. 박영철은 자신의 재력을 바탕으로 당시 우리나라의 서화(書畵)를 대대적으로 수집했던바, 위에서 소개한 대로 자신의 컬렉션에 부착하는 부전지 양식을 따로 인쇄해 갖춰 놓을 정도였다. 『연암선생 서간첩』이 컬렉션 번호 274번이니 이로 미루어 그 수집 규모를 짐작할 수 있다. 박영철의 이 컬렉션은 모두 경성제국대학에 기증되었고, 지금 서울대 박물관에 간직되어 있다.

5

『연암선생 서간첩』의 속표지에는 "64p, 32枚의 書簡"이라는 기록이 보인다. 아마도 뒤에 박물관 측에서 정리하면서 기입한 것이 아닐까 추측된다. 32매로 집계된 편지 속에는 서간첩의 맨 앞에 실린 박기양의 편지와 맨 뒤에 실린 박규수의 편지가 포함되어 있다. 따라서 이 두 편지를 제(除)한다면 연암의 편지는 도합 30통이 되는 셈이다. 하지만 이는 잘못된 계산법이니, 실제 연암의 편지는 총 33통이다. 왜 이런 착오가 생겼는가 하면, 서간첩 매 장의 편지를 무조건 한 통의 편지로 간주한 탓이다. 편지의 내용과 필체, 편지 실물의 상태 등을 자세히 검토해 본 결과, 서간첩 제15장, 제18장, 제30장은 모두 한 통의 편지가 아니라 두 통의 편지를 한 장에 수록해 놓은 것이었다. 본 역서(譯書)를 갖고 말한다면 "편지지 수십 폭과 창호지 열 장은 찾아 보냈느냐?"로 시작되는 14번째 편지와 "초필(抄筆) 열 자루 보낸다"로 시작되는 15번째 편지가 서간첩 제15장에 실려 있는 편지고, "초당에 해는 길고 / 나무 그늘은 뜰 가득 푸르네"로 시작되는 18번째 편지와 "밤비가 마치 부견(苻堅)이 강물을 채찍으로 내리치는 것처럼 후드득 후드득"으로 시작되는 19번째 편지가 서간첩 제18장에 실려 있는 편지이며, "연로(沿路)에 강도가 몰래 나타남은 자주 있는 일이며"로 시작되는 31번째 편지와 "건넌방 모퉁이에 석(席)과 대(大) 두 하인과 담을 쌓되"로 시작되는 32번째 편지가 서간첩 제30장에 실려 있는 편지다.

 본서의 번역은 이 서간첩에 실려 있는 연암의 편지 33통을 대상으로 하였다. 이 33통의 편지를 수신인, 보낸 시기, 쓴 곳에 따라 분석해 보면 다음과 같다.

(1) 수신인

  (ㄱ) 큰아들 종의 21통*
  (ㄴ) 작은아들 종채 1통
  (ㄷ) 아들들 1통
  (ㄹ) 처남 이재성 5통
  (ㅁ) 벗 4통
  (ㅂ) 기타 1통

* 이 가운데 1통(본서의 다섯번째 편지에 해당함)은 편지 겉봉의 수신인난에 "兒輩"라고 적혀 있는바, 이 말만 갖고 판단한다면 '두 아들'에게 보낸 것이라 볼 수도 있다. 하지만 편지 본문의 끝에 "仲父"라고 기재되어 있는 점을 중시하여 큰아들에게 보낸 것으로 간주하였다.

큰아들에게 보낸 편지가 압도적으로 많다. 그 다음으로 많은 것이 처남인 이재성에게 보낸 편지다. 기타 1통은 서령군수에게 보낸 편지를 가리키는데, 이 인물은 연암의 자제뻘 되는 사람이니 꼭 벗이라고 하기는 어렵지 않을까 한다.

큰아들에게 보낸 편지가 압도적으로 많은 건 연암이 큰아들에게만 주로 편지를 보내서라기보다 이 서간첩이 큰아들 집안에 전해지던 것이라는 사실과 관계가 있다. 즉 큰아들이 받은 편지를 주로 모아 놓았던 게 전해진 데서 연유한다. 작은아들도 따로 편지를 받았을 듯한데 작은아들 집안에서 나온 편지는 아직 발견되지 않고 있다. 언젠가 세상에 나오기를 기대한다.

(2) 편지를 보낸 시기

　　(ㄱ) 안의 현감으로 있다가 물러날 때까지의 시기 9통
　　(ㄴ) 안의에서 돌아와 면천 군수로 나가기 전까지의 시기 11통
　　(ㄷ) 면천 군수로 나간 시기 13통

(ㄱ)에 해당하는 편지는 1796년(연암 60세) 정월 27일부터 동년 3월 23일까지에 걸쳐 있다. 연암이 안의 현감을 그만둘 무렵의 편지들이다. 연암이 안의 현감으로 부임한 것은 1792년(연암 56세) 1월인데, 부임한 이후 1795년(연암 59세) 12월까지의 편지는 왠지 하나도 남아 있지 않다.

(ㄴ)에 해당하는 편지는 1796년(연암 60세) 4월에서 1797년(연암 61세) 6월 사이에 씌어진 것들이다. 연암은 1796년 겨울 제용감(濟用監) 주부(主簿)에 임명되었고, 얼마 있다 의금부 도사로 자리를 옮겼으며, 그후 다시 경기도 고양군 소재 경종(景宗)의 능을 관리하는 의릉령(懿陵令)에 임명되었다. 이 시기의 편지들은 퍽 다채로울 뿐더러 다른 두 시기의 편지들에 비해 좀더 자유분방함을 보여준다. 벗들에게 보낸 편지 4통도 모두 이 시기의 것이다.

(ㄷ)에 해당하는 편지는 면천 군수에 임명되어 부임하는 도정 및 부임한 직후에 작성된 것들로, 1797년(연암 61세) 7월 6일에서 8월 23일 사이의 편지들이다. 연암은 1800년(64세) 8월까지 면천 군수로 근무했으며, 동년 8월 양양 부사로 승진되어 9월에 부임했으나 이듬해 봄에 사직했다. 벼슬길은 이것이 끝이며, 이후 중풍으로 고생하다 1805년 10월 20일 서울 재동(齋洞)의 집에서 세상을 하직했다. 유감스럽게도 1797년 8월 23일 이후의 편지는 발견되지 않고 있다.

(3) 편지를 쓴 곳

(ㄱ) 안의 관아 8통
(ㄴ) 거창 1통
(ㄷ) 계산초당 1통
(ㄹ) 의릉 임소(任所) 6통

(ㅁ) 연암협 3통*
　　(ㅂ) 면천 부임길 3통
　　(ㅅ) 면천 관아 10통
　　(ㅇ) 미상 1통

　근무지에서 쓴 것이 대부분임을 알 수 있다. 지방 수령으로 있으면서 쓴 (ㄱ)과 (ㅅ)의 편지 겉봉에는 다른 데서 쓴 편지와 달리 대개 관인(官印)이 찍혀 있다.

6

　처음 소개되는 자료인 만큼 궁금해 할 분들이 계실 것 같아 지금까지 다소 자세하게 『연암선생 서간첩』의 서지적 측면에 대해 언급하였다. 이제 시선을 돌려 이 서간첩의 내용적 측면에 대해 조금 언급할까 한다. 본서에서 이미 편지 하나하나마다 간단한 해설을 붙인 만큼 여기서는 그것과의 중복을 피하면서 총괄적으로 몇 가지 사항만 지적하고자 하는바, 특히 이 서간문이 보여주는 '인간 연암'의 면모에 초점을 맞추고자 한다.

　첫째, 이 서간첩은 연암의 가족애를 잘 보여준다. 가족에 대한 연암의 지극한 사랑은 남달랐던바, 이 점은 『연암집』 속의 글들, 이를테면 「큰

---

* 여기에는 연암협(燕岩峽)으로 들어가면서 쓴 편지 1통이 포함되어 있다.

누이 묘지명」이라든가 「큰형수 묘지명」 같은 글을 통해 이미 잘 알려져 있는 사실이다. 하지만 이 서간첩은 연암의 이런 면모를 한층 직접적이고 자세히 보여준다는 점에서 그 의의가 크다. 이 서간첩에서 드러나는, 연암이 자식들에게 보이는 깊고도 자상한 부정(父情)이라든가 병약한 손자에 대한 애정과 염려, 시집간 누이의 병에 대한 걱정, 며느리의 산후 조리에 대한 근심 등등은 종종 읽는 이의 심금을 건드린다. 오늘날 우리는 한국적 가족주의의 폐해를 도처에서 목도하는 바이지만, 그런 가족주의와는 별도로 진정한 의미에서의 '가족애'는 사람이 사람답게 커 가고 살아가는 데 꼭 필요하지 않나 생각된다. 이 가족애를 통해 사랑을 배우고, 정을 배우고, 남에게 사랑과 정을 주는 법을 배우게 되기 때문이다. 연암은 인간과 인간의, 마음으로 맺어지는 우정을 몹시 강조했고 그리하여 그 우정은 '우-애'(友愛)라는 사랑의 한 지극한 양상으로서 나타나기도 했던 바, 우정에 대한 연암의 이런 면모 역시 그 가족애와 어떤 관련이 있는 게 아닌가 하는 생각을 이 서간첩을 읽으면서 하게 된다. 가족애에서 확인되는 그 깊은 '속정'은 '우-애'에서 확인되는 깊은 '속정'과 거의 상동적(相同的)인 것처럼 보이기 때문이다.

 아무튼 이 서간첩이 보여주는 연암의 지극한 가족애를 통해 연암이 아주 정이 많고 다감(多感)한 사람임을 확인할 수 있다. 이 '다정다감함'과 대상에 쏟는 '사랑'의 마음은 연암 문학의 정서적·심미적 원천이 아닌가 생각된다.

 둘째, 이 서간첩은 연암이 퍽 꼼꼼하고 주도면밀한 성격의 인간임을 보여준다. 자식들을 챙겨 주는 데서건 공사간(公私間)의 일을 처리하는 데서건 공히 그런 점이 확인된다. 벼슬살이를 하고 있는 입장이니 그런 게 아닌가 하는 반문도 있을 수 있겠으나, 꼭 그런 것 같지는 않다. 역시 연암의 성격적 특질로 봐야 하지 않을까 싶다. 이런 세세하고 꼼닥스러우며 주도면밀한 성격이 글쓰기에서 용의주도한 결구(結構)와 고도의 미학적 정련(精練)을 낳은 건 아닐까? 이 서간첩은, 연암이 아무 때나 붓만 들면 글을 줄줄 써 내는 이태백 형(型)의 문인이 아니라 심사숙고하고 고심하여 글을 짓는 두보 형(型)의 작가임을 확인시켜 준다.

셋째, 이 서간첩은 연암의 유머러스한 면모를 보여준다. 연암의 산문들은 종종 해학적인 표현을 보여주고 있는바, 이 점에서 이채(異彩)와 정채를 띤다. 하지만 유머러스하다고 해서 마냥 웃기만 해서는 연암에게 속아 넘어가고 만다. 유머 속에 처연함이나 슬픔, 연민, 반어, 자기 성찰, 예리한 현실 비판 등을 담고 있기 일쑤인바, 정작 연암이 내심 말하고 싶어 한 건 이런 것일 수 있기 때문이다. 이 서간첩의 편지들에서 간간이 발견되는 해학미 역시 이런 점에 유의해 가며 읽을 필요가 있다. 연암은 결코 '까불이'가 아니며 근본적으로는 속이 깊고 진중한 사람이기 때문이다. 이 서간첩의 한 편지에서 연암 스스로 말하고 있듯 연암은 경망스럽거나 으스대는 인간에 대해 몹시 부정적인 시각을 보여주고 있다. 이 서간첩에서 확인되듯 연암은 격조 있는 해학을 즐기는 성격이었던바, 이런 성격적 특질이 그의 산문미학에 큰 영향을 미치고 있다고 할 것이다. 그렇기는 하지만 연암의 성격을, 그리고 연암의 산문을, 온통 '해학'으로만 재단해서는(혹은 해학 위주로만 봐서는) 그 또한 곤란하다. 인간에 대해 조금만 생각해 보면 알 수 있는 일이지만, 어떤 인간이든 인간은 그리 간단치 않으며, 퍽 다면적이다. 진중하면서도 유머가 있는 사람도 있을 수 있고, 유머가 있다고 해서 꼭 진중하지 않다고 할 수 없는 경우도 있으며, 더러 장난기가 있으면서도 근엄한 사람이 없으란 법도 없다. 이런 경우 그중의 한 면만을 갖고 '이게 바로 그 인간이다' 이렇게 말할 수는 없을 터이다. 더군다나 연암처럼 사유 수준이 높고 그 요량(料量)이 노회한 작가의 경우 더 말할 나위도 없다.

넷째, 이 서간첩을 통해 연암의 서화(書畵) 취향을 엿볼 수 있다. 연암은 고을원으로 있을 당시 가슴이 답답할 때면 서울에서 보내온 서화를 펼쳐 홀로 완상하고 있다. 연암이 골동·음악·서화 등에 대해 자별한 예술 취향을 갖고 있었음은 익히 알려져 있는 사실이다. 하지만 이 서간첩의 한 편지에서 연암은 서화의 권축(卷軸)을 하루에도 열 몇 번씩 들여다보며 이것이 글 짓는 도리를 깨치는 데 큰 도움이 된다는 말을 하고 있는바, 이 발언은 연암 문학과 서화 간에 우리가 지금까지 상정하고 있었던 것 이상으로 밀접한 관계가 있음을 시사한다는 점에서 주목된다.

다섯째, 이 서간첩은 연암의 강직한 성격, 연암의 애민적 면모의 일단을 보여준다. 임기가 끝나 돌아올 처지이면서도 그곳 백성들의 농사일을 몹시 걱정한다든가, 고을원에 부임하자마자 아전들로 하여금 백성들에게 부당하게 돈을 걷지 못하게 한다든가, 아전들이 서울의 어떤 벼슬아치에게 뇌물성 돈을 주려 하자 그걸 못하게 한다든가 하는 등등에서 그런 점이 잘 확인된다.

　여섯째, 이 서간첩을 통해 연암이 안의 현감으로 있을 때 주자(朱子)가 편찬한 『자치통감강목』을 초록(抄錄)까지 하면서 숙독했음을 알 수 있다. 이를 두고 연암의 사상이 만년에 보수화된 증좌(證左)라고 해석하는 관점도 있을 수 있다. 하지만 꼭 그렇게만 볼 것은 아니라고 생각한다. 연암은 일찍이 「소완정기」(素玩亭記)*라는 글에서 텍스트에 함몰되지 않는 독서를 강조한 바 있다. 요컨대 연암은 글 읽기의 요체가 글 읽는 사람의 비판적이고 주체적인 자세에 있다고 봤던 것이다. 연암이 『능엄경』을 읽었다고 해서 불자가 되지 않는 것처럼(실제로 어떤 쪽인가 하면 연암은 이따금 불교 논리학을 원용하면서도 불교에 대해서는 비판적이었다), 주자의 책을 읽었다고 해서 곧 주자학도가 되는 것은 아니라고 해야 할 것이다. 뿐만 아니라 흔히 오해하듯이, 주자의 사상이라고 해서 다 나쁜 것은 아니다. 그런 관점 역시 근대주의적 편견이다. 연암이, 춘추대의를 강조하고 화이(華夷)의 구분을 엄격히 해 놓은 이 책을 읽음으로써 기존의 자기 사상을 버리고 지금까지 자신이 그토록 비판해 온, 조선 사대부의 관념적이고 고루한 춘추대의론을 옹호하는 쪽으로 사상을 전회시켰다고 볼 수는 없다. 그렇다면 연암은 왜 이 시기에 『자치통감강목』을 그리도 골똘히 읽었을까? 아마도 지방관으로서의 자신에게 절실히 요구되었던 무언가를 얻기 위해서였을 것이다. 그게 무얼까? 추측하건대 주자의 사상에 강렬하게 담지되어 있던 '경

---

* 이서구(李書九)에게 써 준 기문(記文)이다.

세론'이 아니었을까 싶다. 『자치통감강목』은 흔히 춘추대의를 강조한 책으로만 알려져 있지만, 이 책은 동시에 천 3백여 년 중국사 속에 명멸한 수많은 위정자들의 선행과 악행, 그리고 그들의 선정과 악정을 구체적인 사실(史實)을 통해 드러내고 있는 책이다. 따라서 이 책은 읽기에 따라서는 위정자에게 정치에 대한 좋은 참고서이자 자세한 사례 보고서 역할을 할 수 있다. 연암은 이 책의 이런 면모에 주목한 게 아닐까? 이 점과 관련해 『과정록』 중의 다음 구절을 상기할 필요가 있다.

안의에 계실 때 일이다. 아버지(연암을 말함)는 도내(道內)를 순시하던 관찰사를 해인사에서 맞이하셨다. 당시 그 자리에는 10여 명의 수령들이 모였는데 저마다 누누이 자기 고을의 폐단에 대해 여쭈었다. 감사가 아버지를 돌아보면서 물었다.
"유독 안의 현감은 아무 말이 없으니 어찌된 일이오?"
아버지는 웃으며 말씀하셨다.
"폐단이 하나 있기는 하오나 바로잡는 방책이 떠오르지 않습니다."
"한번 들어 볼까요?"
"군사 제도에 관한 것입니다. 만약 임진년 때처럼 왜구가 갑작스럽게 쳐들어온다면 이른바 속오군(束伍軍)은 지금 좌수(座首)가 이끌고서 소속 진관(鎭管)으로 달려가게 되어 있으니 현감 휘하에는 단 한 명의 군졸도 없게 됩니다. 그러니 장차 이를 어찌하면 좋겠습니까? 혹 '아전과 노비로 군대를 만들어 성을 지키면 되지 않나'라고 말하는 사람도 있겠습니다만 안의의 아전과 노비는 그 수가 채 2백 명도 되지 않습니다. 게다가 평소 훈련도 시키지 못했으며 칼과 창도 없으니 왜구가 갑자기 쳐들어온다면 이때에 비록 제갈량이 다시 살아난다고 하더라도 묘책이 없을 것입니다. 그러니 그 형세상 어쩔 수 없이 관아 뒤에 있는 대숲으로 달아날 수밖에 없습니다. 그럴 경우 필시 『자치통감강목』의 서술방식에 따라 '안의 현감 박 아무개가 성을 버리고 달아났다'라고 대서특필할 터이니 이 어찌 지극히 원통한 일이 아니겠습니까? 하물며 안의는 고을이 생긴 이래 돌 한 조각 쌓은 일이 없거늘 처음부터 버리고 달아날 성이라는 것도 없지 않겠습니까? 이것이 저의 가장 큰 걱정거리입니다."

모인 사람들이 떠들썩하니 웃었다. 아버지는 당시 감사가 의견을 물었으므로 아무렇게나 말을 꾸며 우스갯소리를 하셨지만, 기실 문제로 느낀 점을 우스갯소리로 표현하신 것이었다. 좌중에 있던 사람들 가운데에는 아버지의 이 말을 자못 심각하게 받아들이는 분도 있었다고 한다.*

이 일화를 통해 당시 연암이 『자치통감강목』을 대단히 주체적이며

---

* 박종채 지음, 박희병 옮김, 『나의 아버지 박지원』(돌베개, 1999), 158~160면.

창조적으로 읽고 있었음과 일종의 경세서(經世書)로서 읽고 있었음을 짐작할 수 있다.

　덧붙여 말해 두고 싶은 것은 이 시기 연암이 『아동기년』(我東紀年)이라는 두 권 분량의 책을 저술했다는 사실이다. 처음 들어 보는 책인데, 제목으로 보아 우리나라 역사를 통시적으로 간단히 기술한 책이 아닐까 생각된다. 한편, 연암은 면천 군수로 있을 때 쓴 편지에서 자신이 장차 지을 이방익에 관한 글을 『삼한총서』(三韓叢書)에 넣으면 좋으리라는 말을 하고 있다. 『삼한총서』는 연암이 큰 뜻을 품고 편찬했던 총서인데, 아쉽게도 현재 그 일부만이 전할 뿐이다. 하지만 이 총서에 수록된 자료 목록의 일부가 지금 전하는 『과정록』 말미에 기다랗게 제시되어 있다. 이에 의하면 이 총서는 한중 교섭사에 초점을 맞춘 것임을 알 수 있다. 이방익에 관해 쓴 글을 이 책에 넣겠다고 한 것도 그런 견지에서 보면 잘 이해된다. 여기서 우리가 주목해야 할 점은, 연암이 한중 교섭사, 혹은 동아시아 국제 관계에 대해 대단히 관심을 쏟고 있다는 사실이다. 이 서간첩 중의 편지에서 잘 드러나듯 연암은 이방익의 사적을 한중 관계라는 측면에서, 그리고 더 나아가 중국 내부의 정세를 정확히 들여다보는 데 대단히 유익하다는 측면에서 이해하고 있다.

　서간첩에서 확인되는 이상의 사실은 『열하일기』에 대한 우리의 관법(觀法)에도 상당한 수정을 요구한다. 즉 『열하일기』는 흔히 말하듯이 주로 북학(=선진 중국 문명 배우기)에 대한 주장만을 담고 있는 것이 아니라, 그에 못지않게, 한 비판적 조선 지식인의 동아시아 정세 읽기, 당시 그 누구보다 조선의 주체성에 대해 고민했던 한 조선 지식인의 중국 정세 판단하기로서의 성격 또한 갖고 있다는 사실에 대하여 균형 감각을 갖고 주목하는 것이 긴요하다. 다시 말해 『열하일기』는 좁은 의미의 문학이기만 한 것이 아니라 당대 중국에 관한 인문학적이자 사회과학적인 종합보고서이기도 하며, 중국 내부를 자세히 들여다봄으로써 미래의 한중 관계에 대한 지적 탐사(探查)를 꾀한 책으로서의 성격을 갖는다는 사실에 좀더 주목할 필요가 있다. 어떤 의미에서 연암은 홍대용(洪大容)과 함께 중국을 '타자'로서 읽어낸 최초의 조선인이다. 이런 견지에서 본다면 『열하일기』의 「심세편」(審勢篇) 같은 글이 갖는 존재감은 대단히 큰 것이라 하지 않을 수 없으며, 바로 이 점에서 연암은, 『북학의』의 박제가와 본질적으로 구별된다. 박제가는 연암이 갖고 있던 두 개의 문제의식 중 단지 하나만을 갖고 있을 뿐이었다. 박제가의 저작이 『열하일기』와 같은 지적 긴장감, 치열한 역사적 통찰 내지 인식론적 성찰을 보여주지 못하는 것은 바로 이 때문이다.

일곱째, 이 서간첩은 연암이 그 주변 인물들에 대해 품고 있던 속내를 보여준다. 연암의 문생인 박제가를 "무상무도하다"고 평한다든가, 백선(伯善)을 "아둔하고 게으르다"고 평한 데서 그런 점이 확인된다. 이를 통해 우리는 의식적으로 언표(言表)된 것들에 내재되어 있는 한계, 그리고 그것을 통해 재구성된 이미지 내지 담론이 갖는 허구성에 대해 사념해 보게 되며, 이 세계의 모든 텍스트에 대해 좀더 긴장감을 가지지 않으면 안 된다는 생각을 갖게 된다. 우리 눈에 좀처럼 보이지 않는 텍스트의 이면을 들여다보기 위해서.

여덟째, 이 서간첩은 연암의 자잘한 일상, 연암의 가족 관계, 연암 집안의 살림살이 등등에 대한 이런저런 정보를 풍부하게 담고 있다. 연암가(家)가 황해도 배천과 경기도 광주에 전장(田庄)-그리 큰 규모라고는 생각되지 않지만-을 경영하고 있었다는 사실도 이 서간첩을 통해 처음 확인되는 사실이다. 이런 정보를 통해 우리는 '인간 연암'을, 남의 눈을 통해서가 아니라 스스로의 눈으로 직접 볼 수 있고, 남의 혀를 통해서가 아니라 스스로의 마음으로 직접 느낄 수 있다. 그 점에서 이 서간문 속의 '인간 연암'은 우리가 범접할 수 없는 저 높은 위치에 있는 위인이 아니라 바로 우리 곁에 있음직한 친근한 존재로서 우리에게 다가온다.

일상 속의 연암은 대단히 다양한 얼굴을 보여준다. 어떤 때는 아버지로서 근엄하고 자상한가 하면 어떤 때는 자식에게 자신의 처지를 호소하는 그런 약한 인간으로서의 면모를 보여주기도 하고, 이떤 때는 소심한 면모를 보이는가 하면 어떤 때는 호방한 성격을 보여주기도 하며, 목민관으로서 백성을 걱정하는 면모를 보여주면서도 사익을 위해 공(公)을 훼손할 때도 없지 않고, 어떤 때는 무료한 나머지 기보(碁譜)나 보며 소일하는 그런 헐렁한 인간으로서의 면모를 보여주는가 하면 어떤 때는 고상하고 단아하기 그지없는 선비의 모습을 보여주기도 하고, 어떤 때는 엄숙한가 하면 어떤 때는 유머러스하다.

연암이 보여주는 이 모든 얼굴에도 불구하고 우리의 기대를 벗어날 정도의 큰 흠이나 위선은 발견되지 않는다. 이 점에서 연암은 우리를 '배신'하고 있지 않다고 말해도 좋으리라.

7

이상으로 『연암선생 서간첩』의 성격과 내용, 그리고 그것이 갖는 의의 등을 간단히 살펴보았다. 『연암집』에 실려 있는 연암의 글들이 다소간 곱게 단장한 글이라면, 이 서간첩 속의 편지들은 화장하지 않은 맨얼굴과 같다. 이 편지들 덕분에 우리는 '인간 연암'은 물론이고, 그의 문학 작품들을 좀더 깊이 이해할 수 있게 되었다.

하지만 이 자료는 한갓 전문 연구자에게만 중요한 자료는 아니다. 평소 연암에 관심을 갖고 있는 일반인들은 물론, 이 시대를 살아가는 한국인 모두에게 의미 있는 자료다. 우리나라 고전 작가 중 연암만큼 훌륭한 사람도 없기 때문이다. 연암은 21세기의 우리와는 판연히 다른 사회와 시대를 산 인간이긴 하지만 그럼에도 그의 생각과 고심(苦心)과 그가 추구한 가치들, 그가 그려 보여준 이 세계의 깊이와 아름다움, 그토록 심절한 반성력과 자기 응시, 그가 남긴 말들과 그가 이룩한 미학적 성취들은 장차 우리가 만들어 나가고자 하는 사회를 위해 소중한 자산이 된다고 믿기 때문이다. 그 점에서 21세기의 독일 시민사회가 괴테라는 문호를 갖고 있다면 21세기의 한국 시민사회는 연암이라는 문호를 갖고 있다고 말할 수 있을 터이다. 올해가 연암 서거 2백주년이라기에 덧붙이는 말이다.

찾아보기

ㄱ

가생(賈生)→가의(賈誼)
가의(賈誼) 43
간(侃: 朴宗采의 초명)→박종채(朴宗采)
간장지(簡壯紙) 60
간찰 39, 101, 108
감기 106
감사(監司) 13, 38, 77, 94, 96
갑돌(甲乭: 하인 이름?) 99
강도 102
『강목』(綱目)→『자치통감강목』(資治通鑑綱目)
강희(康熙) 87
개성부(開城府) 67
개성 유수(開城留守) 58, 59, 67, 68
거창(居昌) 14, 29, 41, 42, 100, 101
건기(件記) 91

걸봉 12, 32, 39, 44, 47, 59, 70, 74, 80, 84, 95, 108
겸수(謙秀)→이겸수(李謙秀)
겸인(=청지기) 39
경교(京橋) 94
경암(敬菴 혹은 警菴) 19, 49
경우(景禹: 柳在淵의 자)→유재연(柳在淵)
경저리(京邸吏) 15, 90~92, 107
경정충(耿精忠) 88
경혼(景混: 李肇源의 자)→이조원(李肇源)
계동(桂洞)→제동(濟洞)
계산동(桂山洞)→제동(濟洞)
계산초당(桂山艸堂) 45, 60, 64, 65, 80, 84
고문(古文) 85, 89
고반정(考槃亭) 54
고정서원(考亭書院) 84
고창(古倉)→고현창(古縣倉)

177

고추장 26, 27, 35, 36
고현창(古縣倉) 38, 39
공작관(孔雀館) 28
『과농소초』(課農小抄) 52, 54
과숙체락(苽熟蔕落) 38, 39
과거(科擧) 60~62, 79, 94, 97, 98, 100, 102, 107
과시(科詩) 60, 62
과장(科場) 97, 98, 100
『과정록』(過庭錄) 23, 45, 49, 80, 86, 87, 106
과천(果川) 70~72
광엽(光燁: 청지기 이름) 38, 39, 48, 60 ~62, 79, 95~97, 100
광엽의 처 93
광주(廣州) 34, 36, 41, 42, 97~99
광풍루(光風樓) 14
귀봉(貴奉) 94
규장각 79, 87
『금계일기』(錦溪日記) 84
금문(今文) 85, 89
「금성위 신도비」(錦城尉神道碑) 56
『금협장거록』(錦篋藏弆錄) 20
『기기도』(奇器圖)→『기기도설』(奇器圖說)

『기기도설』(奇器圖說) 53
『기년아람』(紀年兒覽) 25
기문(奇文) 86, 87
김거창 100
김옥균(金玉均) 80
김창업(金昌業) 88, 89
김창협(金昌協) 88
김희순(金羲淳) 76
꾀꼬리 48, 64

ㄴ

나빙(羅聘) 17
『나의 아버지 박지원』→『과정록』(過庭錄)
낙서(洛瑞: 李書九의 자)→이서구(李書九)
남공철(南公轍) 56, 87
남령(嵐嶺) 37, 39
남초(南草) 91
노가재(老稼齋: 金昌業의 호)→김창업(金昌業)
노군(櫓軍) 73, 76, 82
노인(魯認) 84
녹미(祿米) 84
농기도(農器圖) 62

농서(農書) 52, 54
농암(農巖: 金昌協의 호)→김창협(金昌協)
뇌아(賴兒: 賴는 朴宗采의 아명)→박종채(朴宗采)
누가(李喜英의 세례명)→이희영(李喜英)
누나(朴宗儀의 누나) 104
늑현(勒峴) 98

ㄷ

단성 현감 29, 41
당진(唐津) 70, 71, 75
대(大: 하인 이름) 104
대구 관관 29
대만(臺灣) 79, 80, 86
대손(大孫: 하인 이름?) 91
대흥(大興) 96
덕산(德山) 75, 76
도서석(圖署石) 90
도성(都城) 96
도연명(陶淵明) 76, 77
독현(督現) 67
동개(同介) 73
두션새 52

등옥함(鄧玉函)→테렌츠(Jean Terrenz)

ㅁ

만족(蠻族) 88
「망천 별장을 떠나며」(別輞川別業) 39
면례(緬禮) 102
『면양잡록』(沔陽雜錄) 52
『면양집』(沔陽集) 52
면천 군수 70, 80
모휘양 92
묘족(苗族) 88
무관(懋官: 李德懋의 자)→이덕무(李德懋)
문법(文法) 85, 89
물목(物目) 107
민월(閩越) 88

ㅂ

박규수(朴珪壽) 20, 54, 80
박남수(朴南壽) 55
박명원(朴明源) 56
박사근(朴師近) 34, 98
박사유(朴師愈) 98

박사헌(朴師憲) 98
박성원(朴聖源) 78
박소(朴紹) 17, 20
박수원(朴綏源) 60
『박씨가훈』(朴氏家訓) 25
박유선(朴諭善)→박성원(朴聖源)
박제가(朴齊家) 17~20, 22, 23, 52, 79, 81, 82, 84, 86, 99, 101, 107
박제현(朴齊賢) 55
박종간(朴宗侃) 78, 80
박종의(朴宗儀) 11, 16, 29, 51, 54, 69, 93
박종채(朴宗采) 14, 16, 23, 25, 34, 45, 80, 93, 99, 103, 104, 106, 108
박진원(朴進源) 34, 98
박필균(朴弼均) 34, 98, 101
박필주(朴弼周) 34, 60, 98, 101
박희원(朴喜源) 16
방목(榜目) 107
방상영(方象瑛) 86
방선(防船) 73, 82
배꽃 52, 53
배천[白川] 34, 36, 96, 97, 99~101, 108
백선(伯善) 53, 74, 97
백일장(白日場) 41

백척오동각(百尺梧桐閣) 28
백탑시사(白塔詩社) 62
범수(範秀: 이재성의 맏아들?)→이정리(李正履)
법고창신론(法古創新論) 89
법첩(法帖) 26, 27
병선(兵船) 73, 74, 82
복사꽃 52, 53
복인(服人) 68
본댁즉납(本宅卽納) 39
봉래원(鳳來園) 53, 54
봉물(封物) 74
「봉장백산기」(封長白山記) 86
부견(苻堅) 66
부스럼 72
북고개→종현(鍾峴)
북악 43
북학(北學) 23, 62
분지(粉紙) 79
비고비금론(非古非今論) 89
비변사 87

ㅅ

사근(師近)→박사근(朴師近)

『사기』(史記) 85, 89

사유(師愈)→박사유(朴師愈)

사헌(師憲)→박사헌(朴師憲)

사황(詞幌) 80

산목(山木: 金羲淳의 호)→김희순(金羲淳)

산여(山如: 朴南壽의 자)→박남수(朴南壽)

살구꽃 52, 53

삼(蔘) 54

삼도 수군 통제사→통제사(統制使)

삼번(三藩) 88

『삼한총서』(三韓叢書) 87

상지신(尙之信) 88

상처(喪妻) 105

상평(尙平) 76

생강나무 28

생색(生色) 85, 86

서굉조(徐宏祖) 86

서령(瑞寧) 75

서령 군수 75

서얼 18, 22, 62

서창(西倉) 37, 39

서처(徐妻: 徐重修의 처. 연암의 둘째누님) 14

서첩(書帖) 17, 20

서하객(徐霞客)→서굉조(徐宏祖)

『서하객 유기』(徐霞客遊記) 86

「서하객전」(徐霞客傳) 86

석(席: 하인 이름) 43, 58, 104, 107

석치(石痴: 鄭喆祚의 호)→정철조(鄭喆祚)

선산 부사 98

선영 41, 98

설렁줄 19

『설령』(說鈴) 86

설사 96, 106

설수(雪岫: 李喜經의 호)→이희경(李喜經)

『설수외사』(雪岫外史) 61, 62

설탕 90, 92

성위(聖緯: 李喜經의 자)→이희경(李喜經)

세 번(藩)→삼번(三藩)

소갈증 94, 95

소분(掃墳) 98

소안동(小安洞) 12, 32, 40, 45, 84

소지(所志) 67

소품문(小品文) 21

『소학감주』(小學紺珠) 25

송시열(宋時列) 89

수군(水軍)　11, 71, 73, 74, 76, 82
수동(壽洞)　14
수박 겉핥기　106, 108
수송대(愁送臺)　28
수승대(搜勝臺)　28, 37
수영(水營)　71, 73, 94
수조(水操)　73~75, 82, 93, 94
순력(巡歷)　34
순행(巡行)　28
숭무당(崇武堂)　12, 32
「숭무당기」(崇武堂記)　12, 33
승상(陞庠)　34
승중(承重) 증조모상　55
승지(承旨)　80, 83, 94, 106
시생(侍生)　67, 68
시지(試紙)　61, 62
신창(新昌)　70, 71, 76, 78
심상규(沈象奎)　56
심치교(沈穉敎)→심상규(沈象奎)

ㅇ

『아동기년』(我東紀年)　25
아전　15, 19, 58, 73~75, 100, 101, 107, 108
안동(安洞)　12, 15, 83, 84
안(安) 사돈→안휘(安彙)
안의(安義)　13, 14, 20, 21, 28, 29, 33, 38, 40, 41, 42, 44, 49, 72, 90, 97
안의 현감　12, 27, 39, 40, 49
안휘(安彙)　69, 78, 99
안흥목[安興項]　73, 82
양자강　87, 88
양주팔괴(揚州八怪)　17
언서(諺書)　93
여주(呂州)　31
역사(歷辭)　75
역암(櫟菴)　49
연갑(硯匣)　79
연동(蓮洞)　46
연명(延命)　94
「연암도」(燕巖圖)　54
연암산방(燕岩山房)　63
연암산장(燕岩山莊)　36, 54
「연암산장도」(燕巖山莊圖)　54
『연암집』　13, 18, 22, 57, 80, 108
연암협(燕岩峽)　52, 54, 57, 59, 72
영각사(靈覺寺)　37, 39

영롱장(玲瓏墻) 104
영재(泠齋: 柳得恭의 호)→유득공(柳得恭)
「영처고서」(嬰處稿序) 108
영해(寧海) 13, 77
예산(禮山) 75, 76
예조판서 87
『오례통고』(五禮通考) 78, 91, 92, 99, 101, 106, 108
『오륜행실도』 61
오삼계(吳三桂) 88, 89
오얏 52
오진방(吳震方) 86
옥호(玉壺: 李肇源의 호)→이조원(李肇源)
왕유(王維) 39
왕응린(王應麟) 25
외삼촌→이재성
요전(料錢) 82
용골차(龍骨車) 53, 54
용미차(龍尾車) 62
용자군뢰(勇字軍牢) 72
울짱 104
원평(元平: 南公轍의 자)→남공철(南公轍)
유경주(俞擎柱) 15
유구(悠久) 56

유득공(柳得恭) 17, 79, 81, 82, 84, 93, 95, 99, 101, 107
「유배지의 이 감사에게 답한 편지」 13, 77
유생(柳生)→유화(柳訸)
유숙(幼肅 혹은 維肅)→이종목(李種穆)
유재연(柳在淵) 46, 106
유언호(俞彦鎬) 15
유혜보(柳惠甫)→유득공(柳得恭)
육선공(陸宣公)→육지(陸贄)
육지(陸贄) 43
육초 52
윤광석(尹光錫) 15
윤암(綸菴: 李喜經의 호)→이희경(李喜經)
윤함양(尹咸陽)→윤광석(尹光錫)
융복(戎服) 73, 90
응손(應孫: 통인 이름) 15
의금부 도사 49
의릉(懿陵) 49, 62, 65
의릉령(懿陵令) 49
이[虱] 66
이겸수(李謙秀) 93
이경여(李敬輿) 56
이단형(李端亨) 29
이덕무(李德懋) 18, 20~23, 25, 35, 81,

183

86, 108
「이덕무 행장」(원제는 炯菴行狀) 22
이득제(李得濟: 통제사) 11
이만운(李萬運) 25
이방익(李邦翼) 79, 80, 82~88, 101, 108
「이방익의 일을 적다」(書李邦翼事) 80, 89
「이방익전」(李邦翼傳) 107
이서구(李書九) 13, 77, 87
이양천(李亮天) 15
이여송(李如松) 56
이연상(李衍祥) 56
이영원(李英遠) 56
이용후생(利用厚生) 45, 53, 61
이재성(李在誠) 11~13, 15, 18, 19, 31, 33, 40, 43~45, 50, 60, 62, 64, 65, 82, 84, 85, 94, 107
이정리(李正履) 64
「이제독 묘기」(李提督廟記) 56
이조원(李肇源) 83, 94
이종목(李種穆) 93, 94
이중존(李仲存)→이재성(李在誠)
이태영(李泰永) 38, 52

「이호산장도가」(梨湖山莊圖歌) 54
이희경(李喜經) 61, 62, 65, 74, 79, 96, 97, 99, 100
이희영(李喜英) 61
인신(印信) 70
『일통지』(一統志) 85
임(林: 백선의 이종 동생) 97, 99, 100

ㅈ

자금성 87
『자치통감강목』(資治通鑑綱目) 26, 27
작은며느리 104
「잡록」(雜錄) 18, 20
「장백산기」(長白山記) 86
장주(漳州) 86
장한철(張漢喆) 84
재동(齋洞) 39, 40, 45, 53
재선(在先: 朴齊家의 자)→박제가(朴齊家)
저동(苧洞) 44
저리(邸吏)→경저리(京邸吏)
「적벽부」(赤壁賦) 52
「적을 살핀다」(審敵篇) 88
전기(傳記) 24, 45, 50, 85, 86

전라 감영 87
전장(田庄) 34, 97, 99~101, 108
전주 중군(全州中軍) 80, 87
점고(點考) 73
정목(政目) 91
정안하(靜案下) 32
정운경(鄭運經) 86
정좌하(靜座下) 12
정조(正祖) 20, 22, 29, 54, 56, 61, 76, 78
    ~80, 83, 87
정철조(鄭喆祚) 17, 20, 54
정충증(怔忡症) 11
제동(濟洞) 40, 43~45
제용감(濟用監) 주부(主簿) 49
제현(齊賢: 朴南壽의 아들)→박제현(朴齊賢)
조대(釣臺) 53
조보(朝報) 90
조정(祖珽) 50
종목(種穆)→이종목(李種穆)
종의(宗儀)→박종의(朴宗儀)
종채(宗采)→박종채(朴宗采)
종하(宗何) 78, 80
종현(鍾峴) 55

주자(朱子)→주희(朱熹)
주희(朱熹) 26, 27, 45
죽각(竹閣) 54
죽관(竹館) 35
죽리관(竹里館) 28, 29, 35
중문(中門) 104
중부(仲父) 15, 16, 29, 38, 41, 58, 70,
    73, 91, 97, 100
중존(仲存: 李在誠의 자)→이재성(李在誠)
증락(曾樂)→한증락(韓曾樂)
지계(芝溪: 李在誠의 호)→이재성(李在誠)
진영(鎭營) 102
진원(進源)→박진원(朴進源)
진혜전(秦蕙田) 78

ㅊ

채응우(蔡應祐) 28
척독(尺牘) 56, 57
천주(泉州) 86
천주상(天主像) 61
철릭 93
청맹(靑盲) 50
청장(靑莊: 李德懋의 호)→이덕무(李德懋)

185

초록(抄錄) 26, 85
초정(楚亭: 朴齊家의 호)→박제가(朴齊家)
초통 107
초필(抄筆) 55
총계서숙(叢桂書塾) 44
『총서』(叢書)→『삼한총서』(三韓叢書)
추수 97, 100, 101
추찬(秋餐: 李喜英의 호)→이희영(李喜英)
추풍령 41, 42
춘추대의(春秋大義) 26, 27, 88, 89
「치안책」(治安策) 43
치질 69, 70, 72, 75, 82

ㅌ

탁연재(濯硏齋) 80
『탐라문견록』(耽羅聞見錄) 86
태초(太初: 金義淳의 자)→김희순(金義淳)
『태평광기』(太平廣記) 86
테렌츠(Jean Terrenz) 53
통인(通引) 15
통제사(統制使) 11~13, 74

ㅍ

파란(波瀾) 85, 86
팥배나무 50
폄목(貶目) 91
「표해가」 79, 85
『표해록』 84
풍담(風痰) 11
풍차(風遮) 92
필운대 43

ㅎ

하당(荷堂) 54
하인 14, 28, 38, 43, 58, 73, 74, 90, 91, 94, 99, 104, 107
하풍죽로당(荷風竹露堂) 28, 29
학질 70, 75, 82
「한민명전의」(限民名田議) 54
『한서』(漢書) 85, 89
한석호(韓錫祜) 72
한용화(韓用和) 96
한증락(韓曾樂) 91, 106
합조(合操) 73, 74
「허생전」 74

혜보(惠甫: 柳得恭의 자)→유득공(柳得恭)

혜중(惠仲: 韓錫祜의 자)→한석호(韓錫祜)

호수(虎鬚)　73

홍원섭(洪元燮)　44

화성(華城)　43

화양동(華陽洞)　17, 20

화우(和友)→홍원섭(洪元燮)

화죽당(花竹堂)　29

화축(畵軸)　17, 35

화포(花布)　93

환곡(還穀)　18, 39

황경원(黃景源)　59

황모(黃毛)　55

황승원(黃昇源)　58, 59, 67, 68

효수(孝壽)　29, 30, 35, 79, 95, 106

후추 통째로 삼키기　106, 108

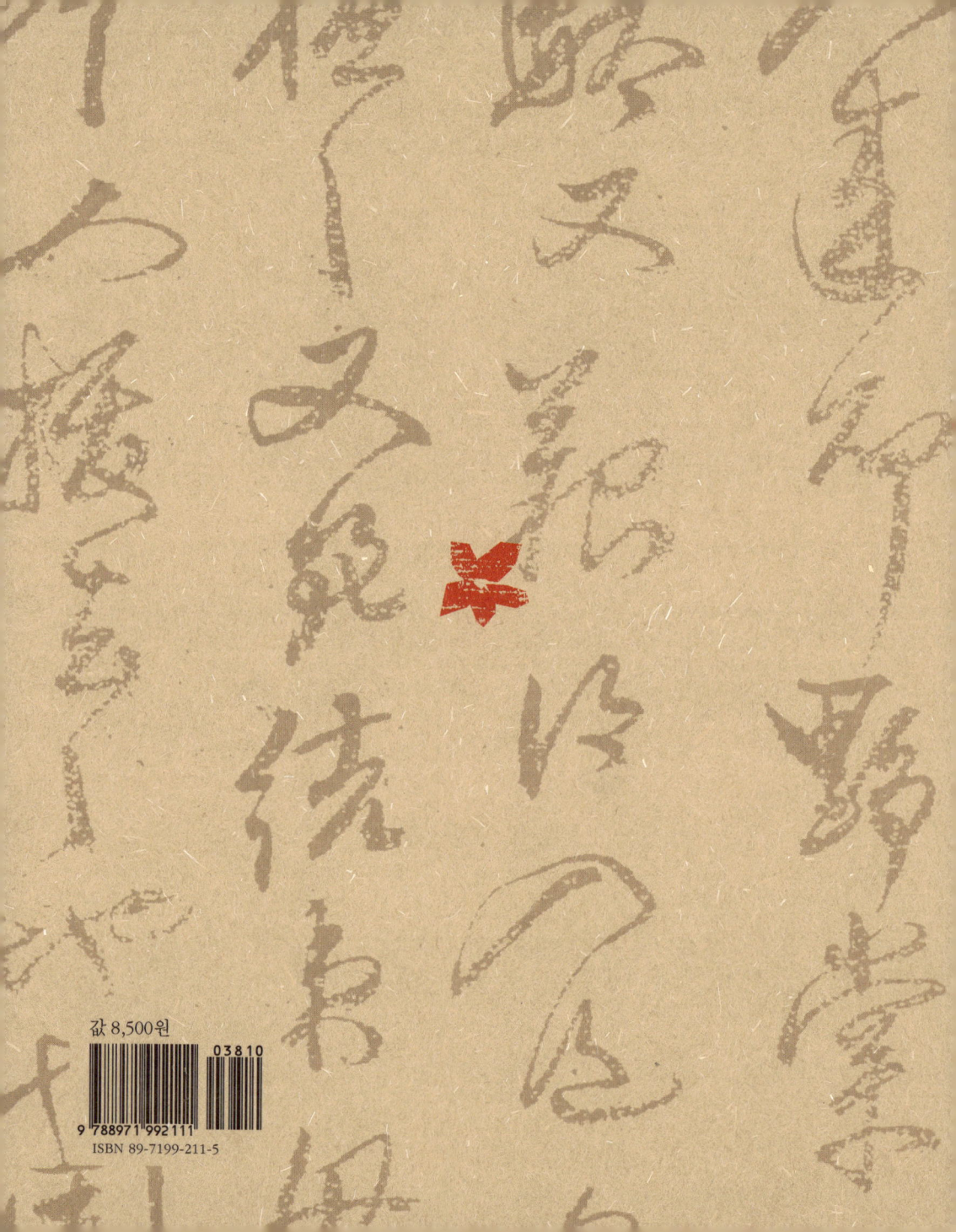

값 8,500원

ISBN 89-7199-211-5